实践活动探究

郭　辉　季英华　主编

吉林大学出版社

图书在版编目（CIP）数据

实践活动探究 / 郭辉，季英华主编 . ——长春：吉林
大学出版社，2018.11
ISBN 978-7-5692-4004-7

Ⅰ.①实… Ⅱ.①郭… ②季… Ⅲ.①活动课程－教学
研究－小学 Ⅳ.① G622.3

中国版本图书馆 CIP 数据核字 (2018) 第 297173 号

书　　名：实践活动探究

作　　者：郭　辉　季英华　主编
策划编辑：朱　进
责任编辑：朱　进
责任校对：高桂芬
装帧设计：张玲燕
出版发行：吉林大学出版社
社　　址：长春市人民大街 4059 号
邮政编码：130021
发行电话：0431-89580028/29/21
网　　址：http://www.jlup.com.cn
电子邮箱：jdcbs@jlu.edu.cn
印　　刷：三河市嵩川印刷有限公司
开　　本：787mm×1092mm　　1/16
印　　张：17.25
字　　数：290 千字
版　　次：2018 年 11 月第 1 版
印　　次：2023 年 9 月　第 3 次
书　　号：ISBN 978-7-5692-4004-7
定　　价：55.00 元

《实践活动探究》编委会

顾　问：李红婷

策　划：姜晓波

主　任：郭　辉

副主任：刘桂林　季英华

主　编：郭　辉　季英华

副主编：钱年亮　韩　玲　张　洋

编　委：（排名不分先后）

王　静　王静静　吕多红　吕函函　杜晓溪

李冬梅　李　娜　张振芳　赵小丽　贺子玲

韩翠珍　马　静　齐丹丹

序

　　综合实践活动课程是国内外中小学所设计和实施的一类基本课程。这类课程在西方发达国家和地区的课程标准中课程名称各不相同，如，法国叫"综合学习"，日本叫"综合学习时间"……其涉及的领域也相当广泛，大致包括三类：主题探究或课题研究、社会实践学习、生活学习等。强调学生通过实践，增强探究与创新意识，学习科学研究方法，发展综合运用知识的能力。

　　2017年9月，教育部发布《中小学综合实践活动课程指导纲要》（以下简称《指导纲要》），《指导纲要》提出中小学综合实践活动课程是义务教育和普通高中课程方案规定的必修课程，与学科课程并列设置，从小学到高中，各年级全面实施，所有学生都要学习，都要参加。它是必修课程、跨学科实践课程，也是动态开放性课程。课程目标以培养学生综合素质为导向；课程开发面向学生的个体生活和社会生活；课程实施注重学生主动实践和开放生成；课程评价主张多元评价和综合考察。主要活动方式包括：考察探究、社会服务、设计制作、职业体验等。根据四种活动方式，《指导纲要》还把中小学综合实践活动的主题进行了推荐汇总，利于教师的实施。

　　历城区洪家楼小学为了有效实施综合实践活动课程，结合教师以及学生的实际情况，开展了丰富多彩的综合实践活动，尤其是在课程资源开发方面进行了大量的探索，在校领导和教师们的共同努力下，在总结实践经验的基础上，按照四大活动方式把校本开设的综合实践活动课程以主题的

形式整理成册,编制成《实践活动探究》,其特点主要有如下几个方面:

1.所选主题内容丰富,范围广泛。结合考察探究、社会服务、设计制作、职业体验等四个活动方式提炼主题,涉及了文学、科学、地理和民俗文化等诸多领域,既体现了活动课程的实践性、综合性等特点,也较好地体现了学校的特色。

2.各主题活动方案设计科学有效。按照活动准备、活动实施、展示与交流、反思与评价、研究主题拓展、课时设计几部分设计,便于教师具体操作和有效实施。

3.每个主题为教师提供了丰富的参考资料。这样的设计对开设综合实践活动提供一定的背景支持,教师在活动中对提供的相关的课程资源可以有选择性地借鉴,增强了使用的灵活性。

该书的出版,一方面将为广大教师有效开展综合实践活动课程提供丰富、有效的实施材料,另一方面将会为教师组织学生开展类似活动提供课程开发的思路和方法论的指导。教师在利用该书的相关内容时要结合自身和学生的实际情况灵活地调整,并在实践中注意累积新的主题,不断丰富和更新课程资源。只有这样,才能有效地、灵活多样地开展综合实践活动,才能真正促进学生的全面发展。

目 录

六年级

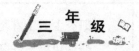

主题一：有趣的课间游戏

丰富多彩的课间活动中，游戏不可或缺。游戏种类繁多，异彩纷呈，是学生形影不离的"好朋友"。适当地玩游戏既有利于学生之间的人际交往，又利于学生身心健康的发展，还能培养学生各方面的能力。

我确定的主题是

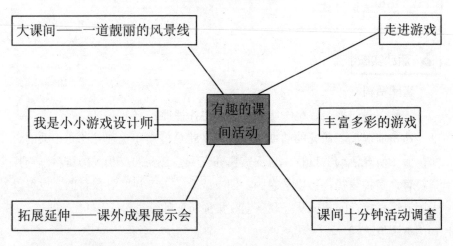

同学们如果对有趣的课间游戏这个课题感兴趣，那就结合自己的经历和生活环境，在与同学、老师协商讨论的基础上，确定你们自己的实践活动主题，组成活动小组开展研究。

🌱 活动准备

研究主题一经确定，就迫切需要制订一份研究计划，确保整个研究过程的有序开展，而且为研究的过程和结果的评价提供了参考的框架。

研究主题：有趣的课间活动

研究目标与任务：

小组成员分工：

活动实施时间：

活动的主要内容及步骤：

通过搜集资料了解游戏的种类、玩法、课间活动的各种形式；利用业余时间，亲自体验各种游戏，并感受其中的乐趣；自制各种游戏器具，创新游戏。

活动需要的条件和可能遇到的困难：

在制作游戏器具时，由于缺乏设计方面的知识，动手能力比较差，所以设计的作品可能比较粗糙……

预期研究成果：

成果表达形式：

> 请参考这些内容，设计出自己的研究方案吧！

 活动实施

查阅资料

了解游戏的种类、玩法、课间活动的各种形式。

通常情况下，研究的前期工作之一，就是搜集和整理与课题相关的资料，而在研究活动的过程中也还需要补充一些必要的、相关的资料。查找资料有许多种途径，可以从老师、朋友或有关专家那儿寻求帮助，也可以去图书馆直接查阅，或从互联网上收集你所要的信息等。

参观与访问

游戏与青少年健康

1. 适当的活动能促进新陈代谢，预防感冒，增强免疫力，起到强身健体的目的；青少年的生长发育需要阳光的照射，需要室外活动，这对预防佝偻病有重要的作用。

> 你是怎样查找资料的？快把你的资料与小伙伴们一起分享吧！

2. 适当的游戏不仅让孩子们感受到童年的乐趣，而且极大程度上愉悦了孩子们的身心，让孩子们在阳光下健康成长。

3. "丢沙包""推铁环"等游戏有跳跃、奔跑的活动，可以让青少年各个器官的生理机能得到一定增强……

游戏的分类

记得把参观过程中看到的、听到的、感受到的那些细节都记录下来呀！

1. 外国小朋友玩儿的游戏有：……

2. 我国少数民族游戏：……

3. 中国传统游戏。

（1）民间游戏：……

（2）传统游戏：……

我国民间游戏丰富多彩，种类繁多。同学们可以通过查阅资料，了解各种游戏，一定会被它的魅力所折服。想想办法，最好通过自己的努力，联系有关民俗表演团体或单位，在老师或家长的陪同下前去参观。

主要应了解：传统游戏的种类，传统游戏的道具的制作方法以及这些道具的使用方法等。

寻访当地民间艺人，把你们所关心和想了解的问题，逐一向他们请教。拜访前一定要精心准备访谈提纲，并事先沟通、联系好。

访谈记录表

访谈主题：

访问者（学生）：

被访问者：工作单位、职务（职称）、专业（专长）

访问方式：电话、书面、面对面、其他

访问时间、地点：

访谈问题（提纲）：

访问记录：

……

通过访问、参观，细心的你发现了什么？快来整理一下你通过调查和观察获得的资料，并撰写、完善小组的调查报告和参观报告。

设计与制作

参观了游戏道具的制作过程，采访了有关艺人，你一定会产生一种强烈的创作欲望，那就挑选你喜欢的一款游戏道具，精心设计，开始制作吧！

展览与推销

举行一次游戏道具作品展销会，将自己亲手制作的游戏道具进行展销。有条件的同学也可以将自己的作品放在网上进行展销。真实、及时、详细地记录下自己的感受。

设计与宣传

和中队辅导员联系，利用少先队活动时间开展一次主题为"爱的奉献"活动，将自己卖游戏道具所得到的收入，捐给贫困的学生，捐给生活困难的孤寡老人，捐给灾区的人民……让我们人人都献出一点爱，让世界变成美好的人间！

 展示与交流

1. 展示所收集的有关文字资料和图片资料、制作的游戏道具。

2. 呈现调查记录材料，组织交流调查过程中发生的典型事例，谈活动感受并汇报调查结果。

3. 小组交流活动后的感受和体验。

反思与评价

通过本课题的研究你对课间游戏有什么新的认识？在研究过程中遇到了什么问题和困难？你是否积极参加每一次小组活动，踊跃完成自己所承担的任务？是否能够自觉提出研究和工作设想、建议？能否与同学精诚合作，善于博采众长？你在研究过程中掌握了哪些好的研究方法？

你对自己在活动中的表现是否满意？老师和同学们是怎么评价你的？

研究主题拓展

我国传统游戏的种类和开展的活动是多姿多彩的，如何让我国传统游戏得到更好的继承和发展？如何让我们的游戏更好地适应时代的要求？这些问题需要我们继续去探究。

课时设计

第一课时：走进游戏

【活动背景】

课间休息时，如果学生疯狂地追逐打闹，肆意地大声喧哗，极易出现意外伤害，甚至可能造成同学间的矛盾冲突。如何让课间成为孩子们的高效学习加油站，促进孩子们身心的健康发展，这是个很有现实意义的选题。

【活动目标】

1. 通过查阅图书、上网收集资料等途径，了解游戏的知识，认识游戏对学习生活、同学交往等多方面的影响。

2. 通过亲身体验玩儿游戏的实践活动，培养学生观察、探究的能力及合作意识和团队精神。

3. 通过提问的方式，唤醒学生的研究性学习意识，激发自主探究问题的愿望，体验与他人合作的乐趣。

【活动重难点】

活动重点：指导学生做游戏

活动难点：活动体验后指导产生主题

【活动准备】

教师准备：

1. 课前指导学生分组，提前准备好各种游戏所需的器具。

2. 课间游戏的视频、多媒体课件。

学生准备：

了解有关游戏的知识。

【活动过程】

环节一：创设情境，导入活动。

1. 今天老师给大家带来了一段精彩的视频，想看吗？（想）咱们一起来欣赏。（播放学生课间活动玩儿游戏的视频）你看到了什么？（你观察得很仔细；而且很会表达呢）

你课间喜欢玩儿什么游戏？谁来说说你喜欢的课间游戏怎样玩儿？（说到方法时可以让学生拿游戏道具到前面演示）

看得出来大家都是玩游戏的高手！谁还有补充吗？

【设计意图】

学生结合自己玩儿游戏的经验畅所欲言，通过师生互动交流，揭示活动，激发学生的探究兴趣。

环节二：室外体验，感知游戏。

1. 现在想体验一下部分课间游戏吗？现在有以下几种游戏供大家选择，请根据自己的喜好进行分组。游戏项目有：跳大绳、踢毽子、老鹰叨小鸡、推铁环、丢沙包等。体验时间十分钟。

温馨提示：

（1）安静有序地走出教室，下楼梯请注意安全。

（2）玩儿的过程中要用心思考所玩游戏的规则和玩儿这种游戏需要注意哪些问题。

（3）听到集合口令，快速站好队，体育委员组织有秩序的返回教室。

一起去做游戏吧！

2. 教师组织学生到室外并分组玩儿游戏。玩儿游戏的过程中教师需要加强指导（注意指导学生明确游戏的详细规则和提出问题）。

【设计意图】

快乐实践，丰富体验。学生在玩儿游戏的过程中，小组合作，共同完成，体现了综合实践活动课程的实践性。

环节三：返回教室，交流讨论。

1. 教师组织学生有秩序回到教室。

2. 组内谈感受。（小组长做好总结、汇报、提出问题）

大家玩儿得高兴吗？关于课间游戏，你们肯定还有很多感兴趣的问题，请在小组里交流交流，记录下来吧！教师巡视指导，总结活动过程中的收获，指导学生提出问题。（每个小组提前准备三张卡纸，提出问题后贴到黑板上）

【设计意图】

综合实践活动课程的最根本特点就是实践性。学生通过玩儿游戏的活动,有了亲身经历和切身体验,发展了学生的交往能力、沟通能力和解决问题的能力。

环节四:问题归类,生成主题。

1. 问题转化为主题:你们都是善于思考的好学生,这么多的问题被你们提了出来,一起来归归类吧。(重复性的问题盖住,口语化的规范为主题。)

2. 产生主题:学生产生的主题可能有:长辈玩儿过的游戏、我最感兴趣的游戏、游戏的种类和玩法、游戏的发展与演变、课间活动的各种形式、游戏器具的制作、游戏的创新与推广等。

3. 小结(配乐):课间十分钟是同学们最向往的时刻,每个同学都渴望下课,期望着和同伴们一块儿尽情地玩耍。

我们的长辈们小时候也十分期盼课间活动,他们都喜欢玩儿哪些游戏呢?请大家赶快想办法调查一下长辈们玩儿过的游戏!同学们可以从不同的角度来选择你感兴趣的问题进行研究,从中你可以得到不同的收获!

【设计意图】

让同学们学会观察、学会思考,在活动中培养学生的研究性学习意识,激发学生主动探究问题的愿望。

第二课时:丰富多彩的游戏

【活动背景】

游戏的历史源远流长,种类丰富。有些游戏深受人民群众的欢迎。与现代的网络游戏形成鲜明对比的是长辈们玩儿过的特色游戏。众多的游戏都有哪些特点呢?哪些适合小学生玩儿呢?这些问题都需要我们展开探究。

【活动目标】

1. 调查长辈们玩过的游戏,获得亲身研究的体验;了解各种游戏的玩法和规则,找到游戏的特点。

2. 通过调查"长辈们玩儿过的游戏"的实践活动,培养学生的设计能力和交流技巧。

3. 能与长辈或调查人愉快地交流，获得积极的情感体验，分享他人的快乐。

【活动重难点】

活动重点：汇报调查"长辈们玩儿过的游戏"活动的经过，并陈述调查结果，在对比中发现游戏的特点。

活动难点：总结归纳游戏的特点。

【活动准备】

教师准备：多媒体课件、话筒

学生准备：调查表、调查报告

【活动过程】

环节一：谈话活动。

课间十分钟是同学们最向往的时刻，每个同学都渴望下课，期望着和同伴们一块儿尽情地玩耍。我们的长辈们小时候也期盼课间活动，他们都喜欢玩儿什么游戏呢？

【设计意图】

从身边熟悉的人那里获取信息比较快捷、方便，也降低了采访时的沟通难度，便于学生操作。

环节二：小组汇报。

根据自己感兴趣的几个问题，我们自行设计了活动调查表，对身边的长辈——姥姥姥爷、爷爷奶奶、爸爸妈妈、叔叔姑姑等小时候玩儿过的游戏进行了一番调查，并做了详实的记录。调查表如下：

个人活动调查表

被调查人：	关系：
游戏道具：	
游戏地点：	
玩儿过的游戏：	
教我玩儿的游戏：	
	记录人：

在课堂上，我们小组的人分工合作，按提前商定的顺序依次汇报，并且交流了个人调查活动的结果，发现有的同学调查的人数比较多。

最后小组长汇总了一下。小组汇总表如下：

（　　　　　　）小组活动调查汇总表

小组组长：　　　　　　　　　　　　小组成员：
小组共调查到：（　　　　）种爷爷奶奶（外公外婆）小时候玩儿的游戏。 　　　　　　　（　　　　）种爸爸妈妈小时候玩儿的游戏。
道具汇总：
地点汇总：
具体游戏有以下这些：

"奋进"小组汇总的游戏最多，他们组的同学不只是调查了自己家中的长辈，还利用互联网搜集。更有的专门跑到附近的新华书店去查阅资料。

主要有：扔沙包、弹蚕豆……

我们纷纷把自己学会的最喜爱的游戏玩儿给同小组的同学看，大家都十分踊跃，积极参与。之后每个小组组织评选出了小组最佳游戏，预备向全班展示。

【设计意图】

培养学生概括、归纳的能力和语言表达的能力，推荐最佳游戏的活动设计，加深了学生对游戏规则和玩法的体验。

环节三：评价反思。

展示每个小组各自推荐的最佳游戏。老师提出建议：边观察边思考，找一找这些游戏有什么共同特点。

生：有的游戏不需要借助道具，空着手就能玩儿；有的游戏道具取材简单，身边处处都是，顺手就可以拿来备用，比如冰糕棍、树枝、纸等……

同学们汇报后我们发现：有许许多多有趣的游戏，我们竟然都没有见过或玩儿过！

提问：通过亲身体验和交流，你们发现了游戏有哪些特点？

小结归纳：

1. 任意一个游戏都有自己相应的规则。

2. 游戏不同，其自身特点也就不同。

3. 游戏起源自生活，十分贴近生活，它们是从生活中演变来的。

······

【设计意图】

学生在体验中熟悉了游戏的规则和所需道具，为发现游戏的特点提供了帮助，学生获得了愉快的情感体验。

环节四：调整方案。

今天我们进行了交流，没想到生活中竟有这么多有趣的游戏！我们可以把这些游戏进行收集和整理，并在全校力推，这样课间生活就更丰富了，也防止了胡打乱闹现象的发生！

【设计意图】

鼓励学生做非物质文化遗产的传播者，把一些有益于身心健康、绿色环保的游戏传播开去，丰富学生们的课余生活。

环节五：生成问题。

同学们，我们可以先调查一下，校园里小伙伴们喜欢玩儿的游戏，结合长辈们玩儿过经典游戏，整理后在全校推广哦！

【设计意图】

鼓励学生展开调查，收集数据，做非物质文化遗产的传播者。

第三课时：课间十分钟活动情况调查

【活动背景】

学生因为年龄、地域和生活环境的不同，所喜欢的游戏也不同。要想知道哪些游戏最受孩子们的欢迎必须展开调查，但是学生们还缺乏调查经验，调查的技巧欠缺，迫切需要指导。

【活动目标】

1. 了解同学课间十分钟的活动情况，发现存在的问题。

2. 会与同学合作，共同完成调查任务设计。

3. 在小组交流中，获得调查的技巧，能与组员和谐相处，通力合作。

【活动重难点】

活动重点：了解同学课间十分钟的活动情况，发现存在的问题。

活动难点：会与同学合作，共同完成调查任务设计。

【活动准备】

教师准备：多媒体课件、学生追逐打闹的视频。

学生准备：纸、笔、尺子。

【活动过程】

环节一：创设情境。

播放课间同学们互相追逐打闹的画面。引导同学们发现问题：我们的课间活动应该是讲文明、有意义的游戏活动，而不是胡打乱闹！

其实我们的课间游戏非常丰富，同学们都喜欢和擅长哪些课间游戏呢？

【设计意图】

展现学生胡打乱闹的现象，让学生发现同学们课间不文雅的表现和安全隐患。

环节二：提出问题。

怎样了解同学们喜欢哪种游戏？同学们有什么办法？

生：首先要组建活动小组，开展调查活动。然后选定组长并组织本组成员制订活动计划，最后进行组内人员的合理分工。

【设计意图】

鼓励学生建言献策，集思广益。培养学生团结协作的精神。

环节三：方法体验。

师：用什么方法完成这次调查活动？应该注意哪些问题？

生：可以用访谈法对同学们进行采访。

应该注意以下问题：

首先在一定的范围内进行调查，同一个级部的同学比较好，因为不同级部的学生存在年龄、生理、心理、认知等多方面的差异。有针对性地对他们在课间十分钟活动安排情况进行调查，根据调查结果写出调查报告。

……

老师建议：采访前列好采访提纲，注意使用礼貌用语，如被采访人正忙，则不能冒昧打扰。找几位同学现场演示一下怎样礼貌采访。

【设计意图】

教师是引导者、参谋、顾问、促进者，可以为学生提出合理化建议，但不能包办代替，在这里教师重视了调动学生积极主动的参与。

环节四：交流讨论。

每个小组交流关于自己调查的课间十分钟活动，提出还存在的问题或困惑。

【设计意图】

让学生在交流中得到思维的碰撞，让方案在交流中得以完善。增强生生之间的互动，使思维得到提升。

环节五：总结提升。

从同学们的调查交流中，找出最受本年级欢迎的游戏进行整理。结合长辈最爱玩儿的游戏，课间向同学们介绍并推广这些游戏。

【设计意图】

让学生把自己调查出的结果进行推广，让学生看到了活动的延续性和实际价值，更能让学生收获成功的体验。

第四课时：大课间——一道亮丽的风景线

【活动背景】

每个学校因地域、人文底蕴和办学理念等的不同，大课间的内容也各具特色，它们都是怎样开展的呢？让我们一起去看看！

【活动目标】

1. 了解本校、外校、国外同学大课间活动的情况，明确大课间的意义。

2. 通过参与、调查等活动，体会课间活动带来的好处。

3. 在调查中，开阔视野，拓展思维。

【活动重难点】

活动重点：了解本校、外校、国外学校大课间活动的情况，明确大课间的意义。

活动难点：会与同学合作完成调查情况汇报。

【活动准备】

教师准备：多媒体课件。

学生准备：关于各个学校大课间活动的资料。

【活动过程】

环节一：提出话题。

同学们，我们是展翅的雏鹰，现在全国上下都在搞健康工程，"健康第一"，为了积极响应这一号召，咱们学校也有了自己的大课间。你对我们学校的大课间了解多少，谁能说说？

【设计意图】

让学生了解"健康第一"及它的重要性。让学生进行适当的体育锻炼，既能保持学生身心的健康发展，又能养成学生良好的生活方式。

环节二：交流讨论。

以小组为单位让学生说说我们学校的大课间活动情况。

1. 我们学校大课间活动的组成。

2. 介绍一下大课间的好处。

【设计意图】

了解自己学校大课间内容的设计和由来，增强学生热爱校园文化的意识，促进学生自觉主动地开展锻炼。

环节三：生成主题。

教师介绍各具特色的大课间资料

1. 赤峰市大兴隆庄小学的间操课……

2. 明湖小学的"一字马"课间操……

3. 军事化大课间……

同学们，通过以上的介绍，你一定对大课间活动有了更深刻的认识。谈谈你的收获吧！关于大课间，你还想再了解什么？

生 1：咱们济南本地有没有特色的课间活动？

生 2：外国学生的大课间做些什么活动？

生 3：对于咱们学校的大课间我有一些建议。

生 4：……

【设计意图】

长期组织学生开展有意义的大课间活动，能培养学生积极向上的精神，使学生养成团结守纪、勤奋认真的好习惯。资料的展示，为学生的思维打开了一扇窗，给学生插上了一双想象的翅膀。

环节四：实践探究。

针对同学们提出的这些问题，建议同学们在智慧教室立即查阅，然后撰写成调查报告并进行展示。对于我们学校的大课间，你还有什么建议？请你用建议书的形式给学校的领导写一封信。

【设计意图】

培养学生发现问题、解决问题的能力，增强学生的小主人意识，积极为学校的发展提出自己的建议。

环节五：展示交流。

调查报告交流展示。

【设计意图】

为学生创造展示自己的机会，鼓励学生积极地展示自己，锻炼学生良好的语言表达能力。

第五课时：我做小小游戏设计师

【活动背景】

每一种游戏都有其保鲜性，玩儿的时间长了难免有玩腻的情况发生。与其我们绞尽脑汁为孩子设计有趣的游戏，不如给孩子们搭建平台，鼓励学生自己动手，自主创造，让游戏更贴近孩子的心灵。

【活动目标】

1. 小组合作研发一种游戏。

2. 通过交流讨论，确定研发游戏的名称、规则、道具。

3. 培养学生创新的能力，体验创造游戏的乐趣。

【活动重难点】

活动重点：小组合作研发一种游戏。

活动难点：小组讨论，确定研发游戏的名称、规则、道具。

【活动准备】

教师准备：课件、音乐

学生准备：自备游戏道具

【活动过程】

环节一：确定主题。

1. 我们玩儿的许多游戏是人们在日常生活中开动脑筋想出的。玩儿游戏好处多多，既能放松我们的身心，又能增进同学们之间的友谊。可是同一个游戏玩儿的时间久了就会玩腻，这该怎么办呢？（生想办法）

2. 你们能不能自己发明创造一种游戏？请你们赶快来当一回"小小游戏设计师"。

【设计意图】

紧密联系生活中的事实存在，引发学生的思考，激发学生的创造热情。

环节二：探究方法。

1. 你自己设计过游戏吗？怎样设计游戏，你有什么好主意、好点子？

2. 生1：我设计过九宫格的游戏，类似于现在的拼图……

方法是：找一张卡通人物的图片，平均分成9块，打乱顺序让同学们猜就行了。

生2：……

教师建议：

1. 可以以小组为单位，或个人独立设计一种游戏。也可以把几个相关游戏简单组合，还可以利用现有的道具进行创新。

2. 如果游戏道具不充足，我们既可以相互借用，也可以亲自动手制作。

3. 每个小组或个人都要尽可能快地完成游戏设计，并为新游戏取个好听的名字。

【设计意图】

让学生密切联系自己的已有经验，充分地展开交流，有的放矢地让学生去创造，避免学生创造时的茫然现象发生。

环节三：动手制作。

学生设计（播放音乐），学生制作时，教师巡视并提出合理化建议。

【设计意图】

学生在制作过程中难免会出现这样那样的问题，老师要指出不足并提出合理化的建议，顺利推进创作过程。

环节四：展示新游戏。

1. 请小组代表或个人上台介绍自己研发的新游戏，并给大家展示如何玩儿。

2. 其他小组观赏后有什么问题想咨询他们吗？你觉得他们研发的这种游戏怎么样？（学生间互评）

3. 还有哪个小组也来展示自己的设计作品？

【设计意图】

给学生创造展示机会，增强生生之间的活动，让他们在互评的过程中获得改进的方法，完善自己的设计方案。

环节五：评价反思。

1. 小组互评，给出评价。

2. 各小组给其他小组提出改进和完善建议。

师：同学们，你们真厉害，只用这么短的时间就创造出这么多好玩儿的游戏，课间能不能玩儿这些我们设计的游戏？能不能利用学校每周少先队活动的时间，把这些游戏推广到全校？同学们可以跟大队辅导员协商一下，争取把我们的游戏推广到全校，相信你们从中可以收获许多乐趣。

对于游戏你们还想了解什么？小组制订新的研究方案并实施。

【设计意图】

对学生的创造能力给予肯定并提出合理化的建议，鼓励学生大胆地去向同学推广自己设计的游戏，促进学生之间的交流，让学生在玩儿中加深友谊。

第六课时：拓展延伸——课外研究成果展示会

【活动背景】

游戏与小学生的身体健康有什么关系？农村小学生玩儿的游戏与我们玩儿的游戏有什么不同？少数民族有哪些游戏？现代的网络游戏有害还是

有利？……学生们对这些问题还有强烈的好奇心。

【活动目标】

1. 培养学生搜集资料和处理信息的能力。

2. 注重学生的合作学习，学会整合资料。

3. 培养学生创新的能力，获得成功的体验。

【活动重难点】

活动重点：培养学生搜集资料和处理信息的能力。

活动难点：学会合作，会整合资料。

【活动准备】

教师准备：音乐

学生准备：搜集的资料、图片及调查方案。

【活动过程】

环节一：课堂导入。

师：上节课，同学们都做了一回"小小游戏设计师"，请你来谈谈有什么收获？有的同学对于游戏还有哪有想要了解的问题呢？让我们一起来看看吧！出示学生的研究问题：

生1：游戏与小学生的身体健康有什么关系？

生2：农村小学生玩儿的游戏与我们玩儿的游戏有什么差异？

生3：少数民族有没有游戏，他们的游戏是怎样的？

生4：外国小朋友的玩儿游戏有哪些？

生5：网络游戏对青少年有利还是有害？

生6：如何保护与振兴家乡民俗游戏表演艺术？

【设计意图】

尊重学生的主体地位和个性发展需求，给学生自主学习的权利和机会，保护学生的好奇心。

环节二：小组汇报。

介绍小组讨论后确定的研究主题及调查方案，请做简单汇报。

课余时间大家在互联网上，查阅了丰富的资料，了解到了很多知识，请在小组内交流。主要内容：棋，猜格……

1. 民间游戏与青少年健康：……

2. 农村孩子的游戏更有地域特色，像打弹弓、爬树、摸鱼、跳竹竿、甩泥巴等等，基本都是自制玩具。

3. 我国少数民族游戏：……

4. 外国小朋友玩儿的游戏有：……

5. 网络游戏有利有弊……

6. 民俗艺术濒临失传的难题……

教师做总结。同学们，你们的表现十分出色！希望同学们争做游戏的传播者，把各种各样有趣的游戏带到我们的课间活动中来，让我们的课间活动更加丰富。

【设计意图】

通过交流，满足了学生自我实现的需求，拓宽了学生的知识面，丰富了学生的认知，激发了学生自主探究的兴趣。

环节三：评价反思。

1. 小组互评，给出评价。

2. 各小组给其他小组提出改进和完善建议。

3. 教师评价。

【设计意图】

让学生在交流中发现自己的不足，在交流中得到觉醒和提高。

环节四：总结提升。

丰富的大课间能培养学生之间团结协作的精神。采用多种游戏形式开展活动，让学生们走在阳光下，尽情地放松自我，享受课余时间的快乐。让我们的课间活动与时俱进，更好地发挥其作用。

【设计意图】

进一步让学生明确游戏的意义和重要性，鼓励学生参与到游戏中，放飞自我，享受健康的生活。

环节五：拓展延伸。

这个课题的研究，课时是有限的，但是同学们的创造力是无限的，希望同学们用心观察，不断创新我们的课间活动。

【设计意图】

游戏的发展也得与时俱进，鼓励学生要有勇于创新的精神，多创造有益于身心健康的游戏，丰富自己的课余生活，让自己开心地学习，开心地生活。

主题二：广告

广告是向公众介绍商品、报道服务内容或文娱节目等的一种方式。好的广告语就是品牌的眼睛，对于人们理解品牌内涵，建立品牌忠诚都有不同寻常的意义。广告的魅力在于"润物细无声"，在于与观众心灵的碰撞。"海尔，中国造"——国产家用电器一向被认为质低价廉，即使出口也很少打出中国制造的牌子。海尔，中国家电企业的佼佼者，在中国家电工业走向成熟的时候，果断地打出"中国造"的旗号，喊得有底气，振奋了中国人的自信心，增强了民族自豪感。就广告语本身而言，妙就妙在一个"造"上，简洁有力又底气十足。广告对我们的生活影响越来越大，只有正确认识广告，我们的生活才会更加多姿多彩。

广告对生活的影响

广告的语言

学校广告语表演

走进广告

广 告

同学们，如果你对广告这个主题感兴趣，那就结合自己的经历和生活环境，与同学、老师协商讨论之后，提出自己的主题活动，组成你们的活动小组，明确小组的活动主题吧。

活动准备

广告可以不断地向广大消费者提供许多有关生活的信息，为消费者进行消费活动创造便利，从而丰富了消费者的生活，增长了消费者的知识，开阔了消费者的视野。广告对生活有什么影响呢？利大还是弊大？这需要我们进行深入的调查和研究。

研究主题一经确定，就必须制订一份计划书，确保整个研究过程的有序开展。

> **研究主题**：广告对生活的影响
>
> **研究目标与任务**：
>
> 通过搜集资料、参观访问、实地调查等方式了解广告的起源、发展，在生活中的有利的一面，广告在生活中还存在哪些弊端；并能针对广告对生活影响的利弊，提出自己的建议和对策。
>
> **小组成员分工**：
>
> **活动实施时间**：
>
> **活动的主要内容及步骤**：
>
> **活动需要的条件和可能遇到的困难**：
>
> **预期研究成果**：
>
> 调查报告、设计方案……
>
> 在这个过程中，每个小组成员都应该自由积极地表达自己的想法，进行充分的讨论、协商，集思广益。

 活动实施

查阅资料

通过多种途径，了解广告对生活有利的影响，了解广告对生活影响的不利的一面。

你是怎样查找资料的？把你的资料与同学一起分享吧！

广告的起源

广告：来自西方，源于拉丁语 Advetteze，含义是"注意""诱导"。古代称为幌子、告白、仿单、招贴……早在先秦时代就有了实物广告、叫卖广告和幌子广告，北宋时期出现了商业印刷广告，到了元明清代更为流行。早在古希腊雅典城市内，常常流行叫喊、口头告示民众关于货物上市的行情。当我国印刷术传入西方后，西方的广告传播也进入印刷广告时代。到了20世纪中期，广告活动置于科学化的基础之上，广告的时效性大大增强，有了一个突飞猛进的发展。

改革开放中国广告的起源

"广告的出现犹如一声长笛，标志着中国经济的巨轮开始启航。"——1979年的春节，中国观众终于收看到了第一条电视广告！1月25日，上海电视台与上海广告公司联系播出广告——参桂养容酒。

广告对生活影响的利与弊

利：

1. 广告帮助消费者丰富生活

每一项新产品的问世和投放市场，都必须通过广告把有关产品市场的信息传播给消费者，让消费者产生购买行为，才能达到满足消费者需求的目的。广告通过传播信息，给消费者提供个人消费指导。人们在日常生活中，如家具的采购、食物的选择、医药的选择以及旅行、游乐等，无不借助于广告所提供的信息。

2. 广告对消费者个人消费的刺激

广告能帮助消费者对个人消费品进行选购。指导消费者合理地采购物品来改善个人或家庭的生活和工作条件，这是广告最起码的功能。广告还有一项重要的功能，就是刺激消费者的个人消费。广告的连续出现就是对消费者的消费兴趣与物质欲求进行不断的反复刺激，从而引起消费者的购买欲望，进而促成其购买行为。

3. 广告对消费者的知识传授

现代广告五花八门，宣传着各种各样的新商品，同时也在给消费者传授着各种各样的有关生活和工作的新知识。由于现代广告有许多是宣传新发明、新创造的产品，它必须花较多的时间去详细讲授和介绍这些新发明和新创造的原理和产品的工作机制，介绍产品的特点、用途和使用方法，从而通过广告简明扼要地把有关新发明、新创造的知识传授给大众。因此，经常注意广告的人，特别是注意有关新产品介绍的广告的人，可以获得许多知识，了解许多新的发明创造，从而增长知识，扩大视野，活跃思维。

4. 广告指导消费者的消费资金进行合理投向

一个社会要繁荣要发展，首先必须活跃社会经济，所谓活跃社会经济，从经济学的角度而言，包含有两方面的内容：一是活跃国民的消费，提高人民大众的消费能力；二是积极利用分散在群众手中的社会资金，想方设法将其相对集中起来投入社会化的生产和建设上。

弊：

1. 广告由于和商业利润相依，因此它不可避免地要用各种方式甚至是媚俗的方式换取受众的青睐，这就导致了社会环境的污染。

2. 广告的广泛传播使观众陷于广告的魔幻文化情境中，助长了享乐主义、拜金主义和攀比的陋习。

3. 广告宣传的不严肃性扭曲了传统文化，影响了社会文化的正常发展。

广告人在创作广告的时候有时考虑了广告的效应却忽略了文化本身。一些不良的广告用语，扭曲了千百年来积淀下来的文化。当广告语成为一个地区的流行语时，没有掌握这种流行语的人就产生一种无形的压力。该群体就会在压力的驱使下努力去学习这些所谓的"时髦语言"，以此来紧跟时代的步伐。这些流行语有的是低级趣味的，还有的甚至是误人子弟的。例如：别看它小，走在路上还挺横的（某汽车广告）、"布"同凡想（服装店广告）、"咳"不容缓（药品广告）等等。这样的广告极大地误导了孩子的。有些不良用语还有时会负载着一些不良的价值观和世界观。

参观与访问

广告对生活的影响程度有多大？怎样更全面地了解广告对生活衣、食、住、行等各方面的影响？怎样衡量一则广告是否有利于人们的生活？想想办法，联系广告公司进行参观访问。注意参观前一定要想好问题，参观过程中注意观察和思考。

除了参观，我们还可以采访不同年龄阶段的人们，向邻居、路人等了解广告对他们的生活有什么影响，目前广告对生活的影响中还存在哪些问题？

注意拜访前一定要准备访谈提纲，并事先做好联系工作。

别忘了把参观过程中看到的、听到的、感受到的具体细节记录下来呀！

实地调查

"纸上得来终觉浅，绝知此事要躬行"。要想准确了解广告对生活的影响，还需要自己亲自体验一下。让我们一起到经常展播广告的地方去实际感受和观察一下，分析广告对生活产生利弊的原因，尝试提出解决问题的建议。

小资料

广告对生活影响的利与弊案例

案例1：广西南方儿童食品厂的南方黑芝麻糊广告以浓郁的怀旧情调缓缓展开：在遥远的年代，江南麻石小巷，天色渐晚。一对挑担的母女向幽深的陌巷走去，伴随着"南方黑芝麻糊哎—"的叫卖声，音乐响起。而在深宅大院门前，一个小男孩拨开粗重的樘桅，挤出门来，深吸着飘来的缕缕香气。小男孩再也坐不住了，跑了出来，看着一位阿婆端着热气腾腾的芝麻糊，急得直搓手舔唇。这时妇女也给小男孩舀了一碗，他埋头猛吃，大碗几乎盖住了他小小的脸庞。研芝麻糊的小女孩投去新奇的目光。小男孩也不在意，吃完了还大模大样地将碗舔得干干净净，逗得小女孩掩嘴善意地笑。看着小男孩可爱的样子，妇女爱怜地给他添上一勺芝麻糊，轻轻地抹去他脸上的残糊。这时小男孩默默地抬起头来，目光里似羞涩、似感激、似怀念，意味深长。此时，字幕加画外音："一股浓香，一缕温暖，南方黑芝麻糊"。

案例2：上海智绘生物医学研究有限公司发布虚假药品广告案。2004年6月，该公司为其经销的"东方灵芝宝"灵芝胶囊药品自行设计并散发印刷品进行广告宣传，称这种药品可以"治癌、抗癌"，而这种药品实际经批准的药理作用与"治疗癌症"无任何关系。处罚：责令停止发布违法广告并处罚款10000元。

对策与建议

根据自己调查和研究的结果，提出自己对解决减少广告对生活的负面影响的具体措施，并上交有关部门。

✍ 展示与交流

1. 展示所收集的有关反映广告的文字、图片、采集的照片等资料。

2. 展示调查参观记录材料，交流调查过程中的典型事例和感受，汇报调查结果。

3. 小组交流调查情况和自己的感受和体验。

4. 交流自己提出的减少广告对生活负面影响的对策与建议。

 **反思与评价**

在本主题的实践活动中，你对广告有了哪些新的认识？你在研究过程中遇到了哪些困难？你是怎样克服困难的？你提出的减少广告对生活的负面影响的对策合理吗？整个活动过程中你有哪些体会？

你认为本主题活动中的实地调查有没有不足之处？如何改进调查的结果会更准确？

你对自己在活动中的表现满意吗？老师和同学们是怎么评价你的？

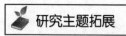 **研究主题拓展**

广告的问题有很多。除了广告对生活的影响之外，还有广告的发展、设计公益广告、我做广告设计师、我为家乡做广告、清除小广告、广告与环境、广告与文化许多问题，这些问题都是需要我们继续探究的。随着这些问题的解决，广告会越来越规范，会越来越有利于人们的生活，为人们的生活服务，生活会更加多姿多彩。

 **课时设计**

第一课时：走进广告

【活动背景】

广告是向公众介绍商品、报道服务内容或文娱节目等的一种宣传方式。从古代的沿街叫卖、幌子招牌到现代的媒体宣传，随着科技的不断发展，广告正在飞速地发展着。它创意新颖、语言生动、特点鲜明、简洁易懂、形象独特、幽默风趣，使同学们对广告产生了浓厚的兴趣。

【活动目标】

1. 通过活动，使学生初步了解广告的形式和特点。

2. 通过调查研究，学生认识广告对社会和人们的生活具有很重要的作用。

3. 通过欣赏、评价，知道精彩广告词的特点及作用。

4. 培养学生对广告研究的兴趣及小组合作的意识。

【活动重难点】

活动重点：指导学生了解广告的形式和特点

活动难点：活动体验后指导产生主题

【活动准备】

教师准备：计划表、课件

学生准备：搜集广告的资料

【活动过程】

环节一：创设情境，导入活动。

师：同学们，在生活中我们经常会听到或见到广告。谁能说说你对广告是怎么理解的？（学生自由发表自己的见解）

师：同学们说得很好。广告是一种宣传的方式，它能够宣传产品，传播信息，同时也能够传播社会文明，弘扬道德风尚。（课件出示）

【设计意图】

学生结合自己搜集的资料畅所欲言，通过师生交流，揭示活动，激发探究兴趣。

环节二：交流广告，感受广告魅力。

1. 师：大家知道，广告从古到今源远流长，许多精彩的广告语传播甚广。可以说，它已经成为我们生活的一部分了。说出你认为最精彩的广告语，并用你所知道的广告知识简要分析它的精彩、独特之处。（学生分小组发言，教师适时评价板书）

板书内容：风趣幽默、语言简练、巧用修辞……

2. 同学们刚才说了许多精彩的广告语，那么你能给这些广告分分类吗？

（学生发言）

课件出示：从其作用看，有公益广告、销售广告、中介广告……

3. 师：下面我们走进广告，欣赏一些精彩广告，感受一下广告的魅力。

在欣赏的同时，找出你最喜欢的一则广告并说明理由。

（学生欣赏广告）

【设计意图】

快乐实践，丰富体验。学生在交流的过程中，小组合作，共同完成，体现了综合实践活动课程的实践性、自主性。

环节三：问题归类，生成主题。

1. 问题转化为主题

你们真是善于思考的好学生，在欣赏广告的同时提出了这么多的问题，我们一起来归归类吧。（重复的问题盖住，口语化的转化为主题）

2. 产生主题

师：今天的活动，同学们热情很高，表现也很出色，从中可以看出同学们丰富的想象力、新颖的创造力、较强的模仿能力。关于广告，你还想了解哪些知识？

师：选择自己喜欢的课题进行研究。

（广告起源、广告制作、广告素材、Flash 广告、平面广告设计……）相信大家还有很多问题想研究，大家有什么问题或研究成果，可以和老师及时联系、沟通。

【设计意图】

让同学们学会观察，学会发现，并通过提问方式激发初步的研究性学习意识，启动主动探究问题的愿望。

第二课时：广告的起源与发展

【活动背景】

随着广告业发展，广告研究和教学活动开始出现。1918 年 10 月，北京大学成立了新闻学研究会，该会把"新闻纸之广告"作为研究和教学的第一项内容。研究广告的起源与发展，可以感受到广告的魅力，获得丰富的情感体验。

【活动目标】

1. 从不同的方面了解广告的起源与发展的内容。

2. 通过搜集资料、交流体验，培养学生探究能力和合作意识。

3. 通过活动体验，感受中国古老广告的精髓。

【活动重难点】

活动重点：从不同的方面了解广告的起源与发展的内容

活动难点：活动体验后激发学生研究性学习的欲望

【活动准备】

教师准备：课件

学生准备：搜集广告起源与发展的资料

【活动过程】

环节一：创设情境，导入活动。

广告，亘古流长。广告的"破土"是和商品生产的产生紧密联系在一起的。其历史可追溯到上古时期，广告怎样起源的？又是经历了怎样的发展阶段呢？

【设计意图】

学生结合自己搜集的资料畅所欲言，通过师生交流，揭示活动，激发探究兴趣。

环节二：交流广告，感受广告魅力。

1. 交流，品读。

师：同学们课前做了不少准备工作，看着大家都胸有成竹、跃跃欲试的样子。谁愿意第一个来介绍呢？

同学们纷纷上台介绍广告的起源与发展，并结合了图片或课件。

2. 师生互评。

师：刚才听了他们的介绍，同学们，你们能不能点评一下呢？

生自由点评（略）。

师：我也来给大家点评一下吧！

1. 内容丰富多样，主题鲜明。

2. 形式多样，引人入胜。

3. 介绍时带着感情，要融入广告之中。

【设计意图】

快乐实践，丰富体验。学生在交流的过程中，小组合作，共同完成，体现了综合实践活动课程的实践性和开放性。

环节三：问题归类，明理升华。

通过刚才的介绍，我们了解了广告的起源与发展，你们有什么感受呢？

【设计意图】

让同学们经历广告的发展史，并通过提问、互评等方式激发初步的研究性学习意识，启动主动探究问题的愿望。

第三课时：广告的语言

【活动背景】

广告活动作为一种创作活动，实际上是文化的结晶。任何民族文化均对广告创作有着重要的影响，而广告语言是广告的核心内容，研究好的广告的语言，可以给学生带来美的享受。

【活动目标】

1. 了解广告语言的特点，增进学生对广告的了解。

2. 通过交流广告语言的特点，培养学生的观察、分析、探究能力。

3. 交流广告语言的特点，感受广告语言的魅力。

【活动重难点】

活动重点：交流广告语言的特点

活动难点：交流、探索出广告的特点

【活动准备】

教师准备：课件

学生准备：搜集广告语的资料

【活动过程】

环节一：创设情境，导入活动。

随着经济的发展，广告已成为人们生活中不可或缺的组成部分。人们视野所及，几乎无处不有。俗话说：人靠衣装，佛靠金装。同样，商品要漂亮的包装，广告也需出色的包装。一个优秀的创意，必须通过一定的语言形式表达出来。因此，广告的语言艺术是广告成败的关键所在。在日益激烈的广告竞争中，有的广告语深深地打动了消费者，给他们留下了难忘的印象，甚至被广为传诵，成为经典；有的却默默无闻，如昙花一现悄无声息地消失掉，没有留下丝毫的印迹。

【设计意图】

学生结合自己搜集的资料畅所欲言，通过师生交流，揭示活动，感受广告的魅力，激发探究兴趣。

环节二：交流广告，感受广告魅力。

师：同学们搜集了许多广告语言的资料，谁能简明扼要地与大家分享一下呢？

同学们纷纷上台介绍广告语言的特点。（结合经典广告语）

师：听了同学们的介绍，谁来归纳一下。

1. 讲究节奏韵律，追求平仄押韵，记忆深刻。

2. 语义的巧用、妙用，加深记忆。

3. 简短、精练的句式，利于记忆。

4. 有意重复，反复刺激，加深记忆。

5. 成语、俗语等的标新立异，加深记忆。

【设计意图】

快乐实践，丰富体验。学生在交流的过程中，小组合作，共同完成，体现了综合实践活动课程的实践性和开放性。

环节三：大胆尝试，独立设计。

通过刚才的介绍，我们了解了这么多精彩的广告语，你们有什么感受呢？作为洪家楼小学的一名学生，为学校设计一个广告语吧。

【设计意图】

让同学们深入探讨广告语的特点后尝试设计学校的广告语，学以致用，激发学生初步的研究性学习意识，启发学生主动探究问题的愿望。

第四课时：广告对生活的影响

【活动背景】

广告可以不断地向广大消费者提供许多有关生活的信息，为消费者进行消费活动创造便利，从而丰富消费者的生活，增长了消费者的知识，开阔了消费者的视野。同时虚假广告和过分夸大的宣传，会降低人们对产品的信任，甚至有时让人们对社会产生怀疑。所以，辩证地看广告对生活的影响至关重要。

【活动目标】

1. 让学生调查了解广告对生活的影响，从而能正确看待广告。

2. 培养学生收集、整理和筛选、攫取有用信息的能力，培养学生善于辨别事物的真伪，解决实际生活中各种问题的能力。

3. 通过学生在活动中对"广告"这一具体社会现象的辨析,培养学生"学会选择"的能力，从而帮助学生形成正确的价值观。

【活动重难点】

活动重点：让学生调查了解广告对生活的影响，从而能正确看待广告。

活动难点：培养学生善于辨别事物的真伪，解决实际生活中各种问题的能力。

【活动准备】

教师准备：课件

学生准备：了解广告对生活利弊的资料

【活动过程】

环节一：分组交流、全班活动。

1. 最喜欢的广告语评选活动

学生自制书写广告语的小标牌，并且简要阐述推荐的理由。

2. 对广告中故意误用成语的现象进行辨析。

3. 报纸杂志、网络等各方面收集丰富的背景材料证明自己的意见，为下一步的辩论赛做好筹备工作。

【设计意图】

为学生提供表现自己所知所能的机会，通过自己收集、整理信息和筛选分析信息，互相交流，进一步融会信息，形成各自的真实感知和观点，为进一步探究奠定基础。

环节二：分组整理、筹备辩论。

根据前期的社会调查和数据分析，全班自然形成正、反两方面的不同意见，形成辩论赛的对阵双方。

【设计意图】

快乐实践，丰富体验。学生在交流的过程中，小组合作，共同完成，体现了综合实践活动课程的实践性和开放性。

第五课时：广告对生活的影响辩论会

【活动背景】

广告可以不断地向广大消费者提供许多有关生活的信息，为消费者进行消费活动创造便利，从而丰富消费者的生活，增长了消费者的知识，开阔了消费者的视野。同时虚假广告和过分夸大的宣传，会降低人们对产品的信任，甚至有时对社会也产生怀疑。所以，辩证地看广告对生活的影响至关重要。学生在搜集资料之后辩论可以获得更丰富的情感体验，感受到分享的快乐。

【活动目标】

1. 让学生调查了解广告对生活的影响，从而能正确看待广告。

2. 培养学生收集、整理和筛选、攫取有用信息的能力，培养学生善于辨别事物的真伪，解决实际生活中各种问题的能力。

3. 通过学生在活动中对"广告"这一具体社会现象的正反辨析培养学生"学会选择"的能力，从而帮助学生形成正确的价值观。

【活动重难点】

活动重点：让学生调查了解广告对生活的影响，从而能正确看待广告。

活动难点：培养学生善于辨别事物的真伪，解决实际生活中各种问题的能力。

【活动准备】

教师准备：课件

学生准备：整理广告对生活利弊的资料

【活动过程】

环节一：会场布置。

正方反方双方答辩台、评判席（特邀家长代表、校长、教师为评委）、后援团（学生和部分学生家长）

环节二：辩论会前准备。

辩论赛在老师的指导下由学生组织，并制订相关比赛规则。

环节三：辩论会。

正反双方先分别由主辩阐述各自的观点，从广告对生活的正面、负面影响等方面论述我们的生活是否需要广告，怎样正确地接受广告对现代人的影响等。

环节四：推选出最佳辩手。

环节五：总结提升。

师生总结此次辩论会的收获。

第六课时：学校广告语表演

【活动背景】

学生都非常喜欢看电视，在看电视时经常能看到各种各样的广告节目，他们在平时的交流活动中，会时不时地模仿电视中广告词，这些广告词简单易记、幽默风趣、孩子们模仿形象逼真，因此深受孩子们的喜爱。因此我设计了这节有趣的广告活动。

【活动目标】

1. 通过表演的形式，加深对广告语言的认识。

2. 通过广告语表演，激发学生热爱学校的情感。

3. 通过这种表演形式，锻炼学生的能力。

【活动重难点】

活动重点：通过表演的形式，加深对广告语言的认识。

活动难点：通过广告语表演，激发学生热爱学校的情感。

【活动准备】

教师准备：课件

学生准备：每组准备表演一段广告

【活动过程】

环节一：情景导入，揭示主题。

教师导入：我们的学校始建于 1953 年，是省城东部建校最早的学校之一，占地 15 亩，坐落在古迹洪楼教堂西边，与山东大学东校区毗邻。原为山东大学附属小学，1987 年更名为历城区洪家楼小学，现有 40 多个班的教学规模。经过浓厚历史文化底蕴的洗礼，全校师生的不断奋力前行，我校已成为全市的名校。今天就让我们一起来赞美学校，把我们对学校的热爱之情表达出来吧！

【设计意图】

把对广告的了解，应用到我们的生活中，从实践中感悟、提升。

环节二：全班交流，共同品读。

师：老师听说你们课前做了不少准备，你们准备好了吗？

同学们纷纷上台表演，声情并茂，下面的学生听得兴趣盎然。

主持：我是一名洪楼小学的学生，我为我的学校而骄傲，下面一组节目，是专门为我的学校创作的，请大家欣赏：

1. 未来的我

2. 赞我们的洪小人

3. 三句半《我们的学校》。

4.PPT 展示学生摄影。

5. 山东快板《洪小好》。

【设计意图】多种形式的活动，使学生体会到广告在生活中的正能量，体会广告的语言特点。

环节三：师生互评，感情升华。

师：刚才听了他们的演讲，同学们，你们能不能评论一下？

生自由点评（略）。

师：我也来给大家点评一下吧！

1. 内容丰富，主题鲜明，形式多样。

2. 表演到位，激情四射，引人入胜。

刚才的广告表演之后，大家那种发自内心地对"家"的热爱之情一定更加强烈，作为洪家楼小学的小主人，咱们应该为学校做些什么呢？

【设计意图】

综合实践活动课程的最根本特点就是实践性。强调学生的亲身经历，要求学生积极参与到各项活动中去。学生通过实践活动，有了亲身经历和切身体验，发展了学生的交往能力、沟通能力和解决问题的能力。

主题三：走进童话世界

小时候，我们喜欢捧着画书看来看去；逐渐地，我们喜欢上了有神通法力、能上天入地、变化多端的童话故事。白雪公主、七个小矮人、豌豆姑娘、匹诺曹……一个个美丽的童话故事，让我们的童年变得丰富多彩，让我们感受到生活是多么的美好，也让我们的小脑袋里充满了千奇百怪的幻想。童话，是多少人记忆长河中美好的回忆，它既让人长知识，又让人快乐，还能带给人深刻的人生哲理。

世界四大童话：《安徒生童话》《格林童话》《快乐王子》《一千零一夜》（又名《天方夜谭》）。

童话是给儿童最大快乐、最多生趣的文学样式。让我们一起走进童话世界吧，一起去感受童话带给我们的快乐与美好。

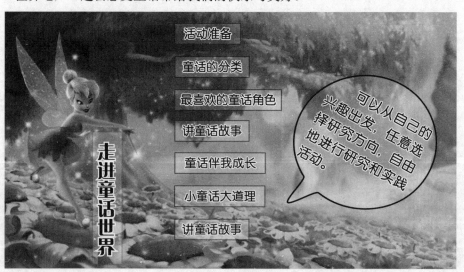

走进童话世界

- 活动准备
- 童话的分类
- 最喜欢的童话角色
- 讲童话故事
- 童话伴我成长
- 小童话大道理
- 讲童话故事

可以从自己的兴趣出发，任意选择研究方向，自由地进行研究和实践活动。

同学们如果对走进童话世界这个课题感兴趣，那就结合自己的经历和生活环境，在与同学、老师协商讨论的基础上，确定你们自己的实践活动主题，组成活动小组开展研究。当然，也可以先建立活动小组，再确定主题。

 活动准备

研究主题一经确定，就必须制订一份计划书，确保整个研究过程的有序开展。

研究主题：最受欢迎的童话调查

研究任务：

小组成员分工：

活动时间安排：

活动主要内容及步骤：

在这个过程中，每个小组成员都应该自由积极地表达自己的想法，进行充分的讨论、协商，集思广益。

通过参观访问、实际调查，了解小学生阅读童话的情况，哪些童话是同一个年龄段的孩子最喜欢阅读的；通过搜集资料，了解并分析最受欢迎的童话所具备的共同特点；做一次走进童话世界的宣传员，亲自制作宣传海报，号召小学生多读更加有教育意义的童话；开展一次"走进童话世界"主题阅读分享活动。

研究所需的条件和可能遇到的困难：

预期研究成果：

调查报告、设计方案

……

 活动实施

查阅资料

通过多种途径，了解目前小学生阅读童话的情况，哪一部分孩子是童话阅读的主体，哪些童话是他们最喜欢阅读的，这些童话有哪些共同的特点。

小资料

小学生童话阅读现状调查研究
——以禄劝县九龙小学为例

1. 阅读兴趣

"你喜欢阅读童话故事吗？"选择"非常喜欢"的学生占83.77%，选择"比较喜欢"的占9.93%，选择"一般"的学生占5.63%，选择"不喜欢"的占0.33%，选择"非常不喜欢"的占0.33%。结果显示，大多数小学生对阅读童话故事有浓厚的兴趣，只有极少数小学生不喜欢阅读童话故事。

你是怎样查找资料的？把你的资料与同学一起分享吧！

2. 阅读内容

"选出你读过的或正在阅读的童话（可以多选，没有不选）"中选择《安徒生童话》的学生占22.22%，选择《格林童话》的学生占28.06%，选择《一千零一夜》的学生占20.56%，选择《古代英雄的石像》的学生占10%，选择《稻草人》的学生占10%，选择《大林和小林》的学生占7.5%，没选的学生占1.67%。

3. 阅读方式

"你平时在什么情况下读童话？"选择"主动阅读"的学生占86.75%，选择"老师要求"的学生占9.93%，选择"家长监督"的学生占3.31%。

4. 阅读量

对童话的阅读量，选择"没有"的学生占8.31%，选择"1—5本"的学生占49.67%，选择"5—10本"的学生占23.18%，选择"10本以上"的学生占18.84%。

资料来源：

https://wenku.baidu.com/view/ebab0cf6524de518964b7d80.html

小资料

世界著名童话故事排行榜

第一名：《卖火柴的小女孩》

第二名：《灰姑娘》

第三名：《海的女儿》

第四名：《白雪公主》

第五名：《爱丽丝奇境历险记》

第六名：《丑小鸭》

第七名：《睡美人》

第八名：《木偶奇遇记》

第九名：《阿拉丁和神灯》

第十名：《皇帝的新装》

资料来源：

http://www.ttpaihang.com/vote/rank.php?voteid=1514

参观与访问

目前在学习压力比较大的情况下，少年儿童课外阅读情况如何？以小学生为主要调查访问对象，不同年级的孩子阅读情况有何异同？他们最喜欢读的课外书有哪些？学校有没有设立书吧或者图书角？有多少孩子喜欢读童话？他们最喜欢读哪些童话？想想办法，联系相应的学校进行参观访问。注意参观前一定要想好问题，参观过程中注意观察和思考。

别忘了把参观过程中看到的、听到的、感受到的具体细节记录下来呀！

除了参观，我们还可以采访学校老师和放学来接孩子的家长，了解他们对孩子读童话的看法。

注意拜访前一定要准备访谈提纲，事先做好联系工作。

小资料

格林童话的特点

1.《格林童话》开头总会以"从前……"这样的方式开头。比如《白雪公主》开头就是"从前，有一个王后坐在王宫里的一扇窗子边，正在为她的女儿做针线活儿。"

2.《格林童话》的结尾总会是大团圆的结局。比如《白雪公主》的结尾是：白雪公主和王子结婚后，美满的生活充满了欢乐和幸福，他们一辈子都快快乐乐地在一起。"

3.《格林童话》中的形象善恶分明，善就是善，恶就是恶，而且是以对立的方式描绘出了一个个清晰又纯净的世界。故事中，坏人总是以失败告终，采用这种极端、对立的方式来呈现善与恶的斗争，最终传达抑恶扬善的主题。

资料来源：

https://zhidao.baidu.com/question/1732260887863369347.html

实地调查

要想准确了解现在孩子阅读童话的情况，还需要自己亲自实地体验一下。找一所比较好的小学，亲自考察、询问、了解，结合调查情况，分析结果产生的原因，尝试提出解决问题的建议。

小资料

安徒生童话简介

《安徒生童话》是丹麦作家安徒生创作的童话集，共由166篇故事组成。该作品爱憎分明，热情歌颂劳动人民，赞美他们的善良和纯洁的优秀品德；无情地揭露和批判王公贵族们的愚蠢、无能、贪婪和残暴。其中较为闻名的故事有：《小人鱼》《丑小鸭》《卖火柴的

小女孩》《拇指姑娘》等。

主要篇目:《海的女儿》《丑小鸭》《屎壳郎》《野天鹅》《夜莺》《雪人》《打火匣》《瓶颈》《拇指姑娘》《园丁与主人》《冰雪女皇》《小猪倌》《笨蛋杰克》《豌豆上的公主》《坚定的锡兵》《肉肠签子汤》《老爹做的事总是对的》《飞箱》。

资料来源:

https://baike.baidu.com/item/ 安徒生童话 /895278?fr=aladdin

设计与宣传

看过这么多关于童话的小知识,你一定也想把自己读过的童话故事进行整理吧,在整理的过程中,再次感受多样的情节带给你的不同收获,同时可以把你的童话整理方案向学校宣传推荐。

童话阅读档案

题目:

作者:

主要角色:

主要内容:

最喜欢的角色及原因:

喜欢这篇童话的程度:☆ ☆ ☆ ☆ ☆

阅读收获:

是否向别人推荐:是□   否□

实践与建议

根据自己调查和研究的结果,我们看到了当下少年儿童阅读童话的现状,以及老师和家长对此的看法,由此能够感受到社会进步、多元文化对少年儿童成长的影响之大。开展一次以"阅读伴我成长之童话"为主题的实践活动,并对同学们发出倡议,让大家都积极加入阅读课外书的大军中来，领略阅读带给我们的乐趣。

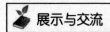
展示与交流

1. 展示所收集的有关学生阅读童话现状的文字、图片、采集的照片等资料。

2. 展示调查参观记录材料，交流调查过程中的典型事例和感受，汇报调查结果。

3. 交流自己提出的让更多的孩子爱上童话的对策与建议。

反思与评价

在本主题的实践活动中，你对当下儿童阅读童话有了哪些新的认识？你在研究过程中遇到了哪些困难？你是怎样克服困难的？你提出的让更多的孩子爱上童话的对策合理吗？整个活动过程中你有哪些体会？

你对自己在活动中的表现满意吗？老师和同学们是怎么评价你的？

研究主题拓展

走进童话世界，开阔了学生的阅读视野，让学生受益匪浅。课余，还可以研究的主题有我身边的童话故事、童话的演变过程、童话故事竞赛、自创童话故事等。

课时设计

第一课时：走进童话

【活动背景】

综合实践活动是新课改的亮点，它注重学生的亲身经历和积极实践，注重学生在活动过程中的体验和感受。童话是给儿童最大快乐、最多生趣的文学样式，它是一个孩子来到这个世界的第一个好朋友。英国儿童文学家达顿说："儿童读物是为了给儿童获得内心的快乐而推出的印刷品。"高尚健康的娱乐能使儿童精神净化、进入更高的精神境界。童话的幻想、夸张、拟人等都具有极大的快乐因素，而儿童在童话境界中的大胆自由驰骋更加剧了快乐的感受。

【活动目标】

1. 通过查阅图书、上网收集资料等途径，了解童话的知识，认识童话对自己成长所起的多方面作用。

2. 通过读童话的实践活动，培养学生观察、探究的能力。

3. 通过活动体验，能感受到与他人合作的乐趣，感受到与人分享的快乐。

【活动重难点】

活动重点：了解什么是童话

活动难点：童话的特点

【活动准备】

教师准备：1. 课前指导学生分组。

2. 多媒体课件、视频。

学生准备：了解有关童话的知识，一本自己喜欢的童话书。

【活动过程】

环节一：观看视频，导入活动。

1. 老师给大家带来了一段视频，想看吗？咱们一起来欣赏。（播放白雪公主的一段视频）

2. 你喜欢这个故事吗？谁能说说这个故事属于什么故事？（属于童话故事）你怎么知道的？（妈妈告诉我的）

3. 今天，我们就一起走进童话，了解更多这方面的知识。（板书：走进童话）

【设计意图】

以观看童话视频的方式导入本课，符合学生的年龄特点及兴趣点，更利于集中学生的注意力，激发他们对知识的探究。

环节二：教师讲解，了解童话。

1. 什么是童话呢？（结合课件讲解）

2. 举例说明：

（1）《白雪公主》中，作者丰富的想象、幻想。

（2）《丑小鸭》中，对这样一只小鸭子形象的塑造、想象。

（3）《木偶奇遇记》中，丰富的想象，情节的离奇。

3. 童话最突出的特点是什么呢？（出示课件）

【设计意图】

学生认识事物，必须有明确的概念。只有知道什么是童话，才能在不断地阅读中，感受童话的特点，体会童话语言的特色。

环节三：小组讨论，品味童话。

1. 介绍自己喜欢读的童话。

2. 故事中哪些描写你能感受到童话的特点。（小组长做好总结、汇报、提出问题）

3. 全班汇报交流成果。

【设计意图】

综合实践活动课程的最根本特点就是实践性。强调学生的亲身经历，要求学生积极参与到各项活动中去。学生通过在小组内进行阅读分享，对童话的认识就更加清晰了，在你讲我听、你说我问的过程中，发展了学生的交往能力、沟通能力和解决问题的能力。

环节四：交流认识，拓宽视野。

1. 你都知道哪些有名的童话呢？

2. 著名童话汇总：《安徒生童话》《格林童话》《王尔德童话》《快乐王子》《一千零一夜》等。在这些童话作品中，有很多生动的童话故事，深受大家的喜爱。

3. 希望大家课余时间多读童话，感受童话的魅力。

【设计意图】

通过问题的交流，让学生在交流中产生思维的碰撞，通过老师进一步的介绍，引发学生对童话进一步探究的兴趣，更加有效地指导学生的活动。

第二课时：童话的分类

【活动背景】

童话以其独特的艺术特色受到孩子们的喜爱，从幼儿园到小学，甚至到初中，都有钟爱它的孩子们。说到童话的分类，很多人却不知晓，总以为童话是没有类别的。通过这一节课，打破孩子们以往的认识，让他们对童话有更深入的认知，带着理解读书，带着情感阅读，才能走进故事，走进作者，走进文字。

【活动目标】

1. 通过上网查资料，查阅工具书，了解关于童话更多的知识，使认识更全面。

2. 通过自己亲自读童话的实践活动，培养学生观察、探究的能力及合作意识和团队精神。

3. 通过活动体验，能感受到与他人合作的乐趣，感受到与人分享的快乐。

【活动重难点】

活动重点：知道童话的分类

活动难点：理解童话的分类，并能自己辨别。

【活动准备】

教师准备：教学课件。

学生准备：学生每人准备一本童话书。

【活动过程】

环节一：读童话，分享精彩片段。

1. 找一篇自己最喜欢的童话，快速看一遍。

2. 找出童话中最精彩的片段。

3. 分享给全班同学。

【设计意图】

不同的孩子看书会有不同的效果，对故事情节的感受也不尽相同。但是同一个故事，最精彩的片段，大家的感受应该大致相同。找精彩片段就是对故事理解的过程，是感悟的呈现，为下一环节的学习奠定了基础。

环节二：品童话，了解童话分类。

1. 童话中最精彩的片段，描写的情节有不同，人物有不同，他们的本领有不同，这些不同又说明了什么呢？

2. 出示课件，讲解童话分类。

根据人物形象类型不同，可分为常人体、拟人体、超人体三类。具体讲解三类童话的特点。

【设计意图】

童话的分类如果只是按理论讲解，比较抽象，对小学生来说，比较难懂。结合具体作品讲解，就比较好接受了，学生比较能听得懂。

环节三：小组合作，寻找不同类型童话。

1. 将童话故事进行分类，每一种类型各找两篇。（填表格）

2. 组内交流自己找的不同类型童话。

3. 大家讨论结果，组长做好记录，汇总表格。

4. 展示小组学习成果，表格展示。

【设计意图】

学习是一个理论与实践相结合的过程，这也是综合实践课的特点。自己根据理解亲自对童话进行分类，取得大家的认可，提出不同的意见，在找一找，写一写，说一说的过程中，发展了学生的交往能力、沟通能力和解决问题的能力，体现了小组合作学习的实效性。

第三课时：最喜欢的童话角色

【活动背景】

孩子们喜爱读童话，喜欢童话的故事情节，喜欢童话中美好有趣的角色形象，这些将留给孩子们深刻的印象。让学生用画笔画出自己喜欢的童话角色，符合儿童的年龄特点，符合他们的认知水平，画画更是大多数孩子最喜欢做的一件事情。

【活动目标】

1. 让学生在充分阅读的基础上，了解童话内容，感悟童话语言，体会童话特点。

2. 让学生在形式多样的活动中，感受个性鲜明的童话角色，体会童话的魅力。

3. 通过展示活动，培养学生主动探究的兴趣和团结合作的精神，不断提高综合实践能力。

【活动重难点】

活动重点：能说出自己最喜欢的童话角色

活动难点：用画笔画出自己最喜欢的童话角色

【活动准备】

教师准备：课件

学生准备：童话书、画纸、彩笔

【活动过程】

环节一：回忆童话内容（填写表格）。

1. 你读过哪些童话？在这些童话中，有哪些主要人物？给你印象最深的人物是谁？

2. 根据要求填写完善表格。

3. 小组内交流。

4. 推选小组代表全班展示。

【设计意图】

读书要学会提炼书中的主要知识点，要通过提炼达到内化的程度。童话中，有很多形形色色的人物角色，有的善良，有的丑恶，有的可爱，有的美丽……这些角色一定会给读者留下深刻印象，通过回忆再现，以表格的形式呈现，更具针对性。

环节二：我来读我来画。

1. 选出自己最喜欢的一个童话形象。

2. 读一读跟他有关的情节描写。

3. 将这一角色形象以绘画的形式展示出来。

4. 完成绘画作品，旁边进行文字介绍：这个形象的特点。

5. 贴到展示区进行展示。

6. 学生参观作品，评选出优秀作品，表彰奖励。

【设计意图】

综合实践课注重学生的实践能力培养，童话主要是进行阅读，如何将学生的阅读转化成实践能力呢？形式也是多样的，小组合作交流讨论、辩论、演讲、表演、绘画等，通过这些形式，学生可以将读书的收获进行内化。

第四课时：讲童话故事

【活动背景】

孩子们喜欢读童话故事，但是把童话故事用自己的话讲出来就变得困难了，这需要孩子有一定的记忆能力，有较好的表达能力和理解能力，才能把童话故事讲好，这一课时的设计，旨在锻炼培养儿童多角度的阅读能力。

【活动目标】

1. 通过举办"童话故事大王"活动，让学生会讲童话故事。

2. 培养学生做到自然大方，养成认真听别人说话的习惯。

3. 增强学生自信心，提高学生与人交往的能力。

【活动重难点】

活动重点：读童话故事，记住主要情节。

活动难点：根据主要情节，讲童话故事。

【活动准备】

教师准备：1. 课前阅读童话故事。

2. 教学课件。

学生准备：准备一本童话书

【活动过程】

环节一：创设情境，激励实践。

（出示森林图）森林里正在举行"童话故事会"。瞧，参加比赛的有孙悟空小组、唐老鸭小组、米老鼠小组、葫芦娃小组。（发放小组标志）你想加入哪个小组，就到哪个小组去报到。

【设计意图】

喜欢小动物，这是儿童的天性，以小动物的名字命名小组名称，让他们走入故事情境，更利于讲故事。

环节二：组织交流，充分实践。

1. 比赛开始，小喜鹊宣布比赛规则。（课件出示）

2. 小组交流，推选代表。

3. 代表参加全班交流。

让学生当裁判，评价哪一组讲得最好？为什么？

【设计意图】

小组交流，互相评价，使思维的火花得到碰撞，发展了学生口语交际的能力。

环节三：评价反馈，表扬总结。

1. 宣布优胜小组，颁发"故事大王"奖。

2. 学生扮演"记者"采访优胜小组，优秀个人。

3. 获胜小组代表发表获奖感言。

【设计意图】

在实践活动中，学生的交流，学生的评价，学生的发言等，都在提高学生与人交往的能力，语言表达能力也得到增强。

环节四：课外延伸，强化交际。

回家后把自己所讲的或听别人讲的有趣的童话故事讲给爸爸妈妈听，并让他们做出评价。

第五课时：小童话大道理

【活动背景】

童话以它丰富的情节、超人的夸张想象，深受少年儿童喜爱。鼓励孩子多读童话故事，非常重要的目的就是童话有育人功能，通过读童话，孩子们能够分辨善恶美丑，能够判断谁好谁坏，对他们的健康成长起到了潜移默化的促进作用。

【活动目标】

1. 了解童话的写作特点，特别是著名童话集《安徒生童话》和《格林童话》。

2. 学生汇报阅读童话过程中的感受，启发引导学生利用多种途径收集、整理学习资料，促使学生更广泛地感受童话。

3. 通过交流、朗读、品味童话，巩固和丰富学生的积累，懂得童话之中蕴含的道理，培养学生动手写童话的能力。

【活动重点、难点】

活动重点：懂得童话中蕴含的道理。

活动难点：引导学生在读中感悟，引导交流受到的启示。

【活动准备】

教师准备：课件

学生准备：童话书

【活动过程】

环节一：欣赏图片，回忆童话。

1. 展示一组童话图片，学生回忆相关知识（童话名称、童话内容、蕴含的道理）。

2. 学生回忆自己读过或听过的童话故事。

【设计意图】

通过欣赏图片的方式，引导学生回忆童话内容，能够激发学生的兴趣点，比较直观。

环节二：领会特点，了解童话。

1. 根据所学童话以及自己收集整理的资料，分析童话的特点。用"我发现了……"回答。

2. 学生简要介绍自己了解的著名童话作家以及童话集。

3. 教师出示中外童话图片各一组，对比了解中外童话的特点。引导学生懂得童话故事之中蕴含的道理。

【设计意图】

童话的特点在前面的课程中已经讲解过，让学生结合具体作品谈童话特点，加深印象，顺势引出童话蕴含的道理，自然流畅。

环节三：感情朗读，品味童话。

1. 教师出示童话《笨蛋杰克》课件。

2. 学生自读童话，要求读出相应的语气。

3. 思考，分析：

（1）童话中的杰克具有怎样的性格特点？

（2）这篇小童话告诉我们一个什么道理？

4. 小组内分角色朗读童话。

5. 多种形式展示读童话，如分角色朗读、表演读、师生合作读等。

6. 选出学生代表分角色朗读小童话。

【设计意图】

自己有感情朗读童话，小组合作读童话，全班合作读童话，多种形式都在传达学生对童话的理解，对人物性格的把握。

环节四：升化情感，创编童话。

自己创编一篇童话，可以选择几种小动物，可以选择几件物品，可以选择几种植物，以它们为主人公，想象一下：它们之间可能会发生一些什么事？故事要告诉朗读者一个什么道理？

【设计意图】

走进童话，必然要经历几个过程"看童话－读童话－讲童话－演童话－编童话"，由浅入深，把握住童话的特点，编童话就变得不再困难了。

主题四：交通工具

随着历史的发展和科学技术的进步，我们周围的交通工具越来越多，交通工具给我们的生活带来了极大的影响。汽车、火车、飞机、轮船为人们的出行带来了极大方便；火箭、卫星、宇宙飞船的出现，使人类向更遥远的太空进一步探索。通过有关交通工具主题探索，学生可以了解更多的知识。

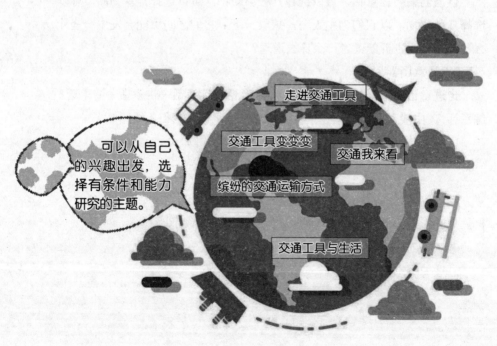

同学们如果对身边的交通工具这个课题感兴趣，那就结合自己的经历和生活环境，在与同学、老师协商讨论的基础上，确定你们自己的实践活动主题，组成活动小组开展研究。当然，也可以先建立活动小组，再确定主题。

 活动准备

研究主题一经确定，就需要制订一份研究计划，确保整个研究过程的有序开展，而且为研究过程和结果的评价提供了参考的框架。

研究主题：关于身边的交通工具的研究

研究目标与任务：

小组成员分工：

活动实施时间：

活动的主要内容及步骤：

利用课余时间，学生搜集交通工具的种类、交通工具的好处、交通工具给我们带来了哪些便利等资料。利用双休日或假期出门，感受交通工具给我们带来的便利。编制调查问卷。

活动需要的条件和可能遇到的困难：

预期研究成果：

成果表达形式：

......

> 请参考这些内容，设计自己的研究方案。

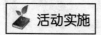 活动实施

查阅资料

1. 收集资料

了解交通工具的分类、作用等。途径：网络、电视、报刊、咨询专业人士等。

小资料

电动车的发展

电动车比自行车省力、速度快，并且具有环保特点，购买及维护费用较低廉，深受广大消费者的喜爱。

以前的电动车又叫"电瓶车"。电瓶体积大，且蓄电能力弱，难以满足人们出行的基本要求。随着科技的发展，蓄电池体积逐步缩小，重量减轻，并且蓄电能力大大增强，同时，电动车注重外形设计的美观，目前形式多样的电动车纷纷推向市场。

2. 资料的搜集、整理

方法引导：搜集整理资料

1. 做笔记。将所需要的资料、感想、疑问等及时记录下来。

2. 剪贴法。将需要的资料分类贴在笔记本上。

主要的分类方法有以下两种：

1. 主题分类法。按照主题对资料进行分类整理。

2. 项目分类法。即按照一定的类别，将资料分项整理。

参观与访问

交通工具种类繁多，想想办法，最好通过自己的努力，联系有关单位，在老师或家长的陪同下前去参观访问。拜访前一定要准备访谈提纲，并事先做好联系工作。

别忘了把参观过程中看到的、听到的、感受到的具体细节记录下来呀！

访谈记录表

访谈主题：

访问者（学生）：

被访问者：

工作单位、职务（职称）、专业（专长）

访问方式：

电话、书面、面对面、其他

访问时间、地点：

访谈问题（提纲）：

访问记录：

……

通过访问、参观，你发现了什么？整理一下通过调查和观察获得的资料，撰写小组的调查报告和参观报告。

展示与交流

组内商讨，选出成功的作品进行集体展览。

1. 与交通工具相关的手抄报。

2. 关于交通工具利与弊的辩论赛。

3. 相关图片、手绘展示。

4. 调查。

运输要求　　　交通工具	云南的鲜花运往济南	从天津到北京旅行	把秦皇岛的煤炭运往上海	图书从书店运往本地的学校
飞　机				
轮　船				
汽　车				
火　车				

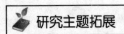 反思与评价

通过本课题的研究你对身边的交通工具有什么新的认识？在研究过程中遇到了什么问题？你是如何解决问题的？你在研究过程中掌握了哪些研究方法？

你对自己在活动中的表现满意吗？老师和同学们是怎么评价你的？

 研究主题拓展

关注交通，有利于学生的视野拓展。除了本课提到的主题，还有交通工具的品牌、交通工具与路线等。

 课时设计

第一课时：走进交通工具

【活动背景】

交通工具有着悠久的历史，对学生而言，认识交通工具的种类、发展历史以及探讨发展过程中的利弊极其重要。

【活动目标】

1. 通过查阅图书、上网搜集资料等方式，知道交通工具的种类、用途，正确认识各种交通工具。

2. 通过实践活动，培养学生观察、探究的能力及合作意识和团队精神。

3. 通过活动体验，能感受到与他人合作的乐趣，感受到与人分享的快乐。

【活动重难点】

活动重点：了解交通工具发展历程。

活动难点：活动体验后指导产生主题。

【活动准备】

教师准备：多媒体课件。

学生准备：了解交通工具的种类、各种交通工具的功能、优点、不足；收集汽车品牌等。

【活动过程】

环节一：亲切谈话，导入活动。

同学们,今天你带来了哪些交通工具的图片？（小组内交流后整理材料）

【设计意图】

学生结合自己乘坐交通工具的经验畅所欲言，通过师生交流，揭示活动，激发探究兴趣。

环节二：分组汇报，指导分类。

1. 陆路交通工具：

轨道车：火车、地铁、轻轨。

机动车：轿车、货车、工具车、摩托车。

非机动车：电动车、三轮车、自行车。

2. 空运交通工具：客运机、货运机、战斗机等。

水路交通工具：客船、货船、渡船、特种专用船等。

【设计意图】

快乐实践，丰富体验。学生在分类的过程中，小组合作，共同完成，体现了综合实践活动课程的实践性。

环节三：见仁见智，评价交流。

1. 分组研究。

在认识交通工具用途的基础上，分组研究交通工具给社会生产、人民生活所带来的利与弊。

从交通工具的运输量、运输速度、运输价格、运输方法的灵活性等方面考虑。

2. 交流汇报。

3. 归纳总结。

【设计意图】

学生通过实践活动，有了亲身经历和切身体验，发展了学生的交往能力、沟通能力和解决问题的能力。

环节四：问题归类，产生主题。

1. 问题转化为主题。

你们真是善于思考的好学生，提出了这么多的问题，我们一起来归归类吧。

机动车：

火车：运输量大，适合长途运输，但不如汽车方便。

汽车：在运输途中灵活方便，可以直达目的地，适用于小批量的短途运输。但发展较快，交通设施跟不上它的发展，因此经常造成交通拥挤、堵塞，而且尾气大量排放对大气形成污染，对人们的健康产生不良影响。

轮船：只适用海上或水上运输，运输价格低，但速度太慢。

飞机：运输量小，速度快。但运输价格昂贵。

几种交通工具时速比较：

交通运输工具	轮 船	汽 车	火 车	飞 机
一般时速(千米／小时)	30—40	80—30	60—120	400—1000

非机动车：

（1）调查家庭拥有非机动车的数量。

家庭人数	电动车	自行车	其 他

（2）统计结果。

调查人数合计_____。电动车拥有_____量，人均拥有_____量；自行车拥有_____量，人均拥有_____量。

（3）通过统计电动车的拥有量，学生能清楚地知道拥有车辆数目之多，从而引出环保问题：认识电动车电瓶对环境的危害。

2. 产生主题。

学生产生的主题可能有：交通工具的起源、交通工具的发展、交通工具的种类、交通工具的利弊等。

小结：

孩子们，科技的发展促进了交通工具的发展，给我们的生活带来了极大的变化。

大家可以选择自己感兴趣的主题组成研究小组，利用课下时间去探究。

板书课题：走进交通工具

【设计意图】

通过问题的交流，让学生在交流中产生思维的碰撞，引发学生对交通工具进一步探究的兴趣，更加有效地指导学生的活动。

第二课时：交通工具变变变

【活动背景】

人们常说："要致富，先修路！"如今条条宽敞的公路、四通八达的公路网，让大家不再为出行难，不再为农产品运不出山而发愁了。改革开放 40 年，是中国交通大发展的 40 年。

【活动目标】

1. 通过观察各种车，了解交通工具的发展，探究自行车、汽车的基本构造、特点及设计意图。

2. 培养学生使用查阅资料的方法进行学习。

3. 激发学生探究欲望，培养学生认真严谨的科学态度。

【活动重难点】

活动重点：发现自行车和汽车的简单构造特点及其与功能的关系。

活动难点：探究自行车、汽车包含的科学和技术，对自行车和汽车构造中可见的、简单的部分进行较为深入的研究。

【活动准备】

教师准备：多媒体课件

学生准备：以小组为单位，搜集各种交通工具的发展资料，可以采用上网搜索、到图书馆查、咨询专家等方式。

【活动过程】

环节一：亲切谈话，导入活动。

教师：交通工具是我们生活中不可或缺的一部分，倘若离开了交通工具，我们的生活将会极其不方便，交通工具的发展历程是怎样的呢？

板书课题：交通工具的变化

【设计意图】

教师创设温馨的情境，与学生进行亲切谈话，让学生结合自己的经验畅所欲言，寓学于乐，为研究课题起到了很好的铺垫作用。

环节二：小组探究，掌握方法。

小组成员进行讨论：现实生活中的交通工具有哪些？小组成员了解了交通工具的多样性，有陆地上的交通工具，有水中的交通工具，有空中的交通工具，然后让小组成员将所列出的交通工具进行分类。

【设计意图】

通过查阅资料，加强学生探究兴趣，组内交流合作的方式让学生对交通工具的变化有了进一步的认识，引导学生在快乐的合作中发现问题。

环节三：充分交流，整理汇总。

1. 查阅资料，了解变化。

为了解交通工具的发展，小组成员通过查阅资料和讨论的方式，总结出各类交通工具的发展史，从而体会科学技术的不断进步，促使交通工具也在不断地发展。

2. 研究种类，详细记录。

研究交通工具的种类，作详细记录。

3. 收集资料，整理汇总。

各小组在充分了解各种交通工具的基础上，收集资料，了解不同的交通工具的发展史。最后将资料进行整理汇总。

【设计意图】

以小组为单位使学生体验到合作的乐趣，提高了工作效率，增强互相协作解决问题的能力，并且体验完成作品的成就感。

环节四：汇报展示，评价总结。

各小组谈收获和体会的同时，总结开展这种活动的方法、特点和规律，根据活动中的具体情况研究解决一些在下一次类似的活动中可能出现的问题，并且研究确定下一次的综合实践活动的内容。

【设计意图】

本环节体现了教师的指导作用，引发学生继续探究的兴趣，保持活动的持续进行。

第三课时：交通我来看

【活动背景】

交通工具越来越多地进入大众视野，为我们的生活带来了极大的方便，但同时，许多隐患也在慢慢滋生并显现，比如拥堵、交通事故……

【活动目标】

1. 认识各类交通标志的含义及作用，了解交通标志分类情况以及设置地点。

2. 通过学习，能说出几种常见标志的名称、用途，并能简单地运用于生活中。

3. 从小树立自觉遵守交通规则和社会公德意识。

【活动重难点】

活动重点：认识各类交通标志的含义及作用，了解交通标志分类情况以及设置地点。

活动难点：从小树立自觉遵守交通规则和社会公德意识。

【活动准备】

教师准备：1. 调查交通堵塞的情况、原因，车祸多发时间段。

2. 搜集发生车祸的原因。

学生准备：3. 调查、收集标志。

【活动过程】

环节一：亲切谈话，导入活动。

教师导入：上周老师叫同学们做的交通安全调查完成了吗？你们怎样看待交通问题呀？快拿出来小组间交流一下。

板书课题：交通我来看

【设计意图】

通过师生交流，揭示活动，激发探究兴趣。

环节二：充分交流，整理汇总。

1. 分小组，将自己调查了解到的交通堵塞、发生车祸的原因说一说。

2. 选出主持人、记录人和上台汇报的人，根据表格促使并检查每个学生的参与情况。

3. 填写书上统计表，也可以用自己的话来描述。

4. 小组代表汇报。

通过交流，学生认识到不按照交通标志通行会给人们造成生命危害和财产损失。要遵守交通标志的要求通行。学生领悟到交通标志在人们生活中所起到的重要作用。

【设计意图】

学生实地调查更能加深对交通出行的认识，汇报交流锻炼学生的语言表达能力。

环节三：联系实际，加深认识。

根据同学们的兴趣，分组开展了"交通标志"的认识的调查活动。

1. 找一找。

2. 你见过这些标志吗？去生活中找一找。（课件出示各种标志）

活动：自由发言，说说课本中这些标志的含义。

3. 画一画。

留心观察，去非机动车道里走一走，把你见到的标志选几个画下来。

然后，学生进行交流，体会标志在我们身边无处不在，知道一些交通标志放置的地方及交通标志的含义。

4. 连一连。先把标志和表达的意思连起来，再集体订正。

环节四：汇报展示，评价总结。

通过这次调查同学们的收获可真不小！不仅认识了生活中的交通标志，还发现了不少问题，所以我们都要按照交通标志的要求通行。

【设计意图】

联系生活实际，能够激发学生的学习兴趣，活学活用。

第四课时：缤纷的交通运输方式

【活动背景】

交通运输是我国经济发展的重要组成部分，交通运输的发展促进了我国经济的发展，丰富了人们的生活方式，所以，学生了解多样的交通运输方式对他们而言是十分必要的。

【活动目标】

1. 学生了解一些常见的交通运输设施。

2. 通过学习，学生明白几种交通运输方式的特点。

3. 在探究过程中，培养学生树立爱护交通运输设施的意识。

【活动重难点】

活动重点：学生了解一些常见的交通运输设施。

活动难点：通过学习，学生明白几种交通运输方式的特点。

【活动准备】

教师准备：了解我国交通运输设施

学生准备：亲自乘坐体验交通工具

【活动过程】

环节一：亲切谈话，复习导入。

1. 情景导入

大家经常出去游玩，那么你是怎么出行的呢？倘若没有公路，没有铁路，没有码头，没有机场，汽车、火车、轮船、飞机会怎么样？它们还能正常工作吗？

没有公路，没有铁路，没有码头，没有机场，汽车、火车、轮船、飞机就运行不了了。我们把它们叫作交通运输设施，那么大家都知道哪些交通设施呢？

2. 复习导入

什么是交通运输？你能举个例子说明一下吗？

大家举的例子都很好，可是要完成把人或物从一个地方运到另一个地方的交通运输任务，必须要依靠一定的交通运输设施，你都知道有哪些交通运输设施呢，大家把想到的写在纸上，看看谁写得多。

板书：交通运输的设施与方式

【设计意图】

教师创设温馨的情境，通过与学生的亲切谈话，让学生结合自己的经验畅所欲言，学生体验到乐趣，为研究课题起到了很好的铺垫作用。

环节二：小组合作，充分交流。

1. 学生完成后，请他们和书上"说一说"中所列的交通运输设施相对照，多于书上的可以补充。

2. 学生自由选择自己最为熟悉的交通运输设施进行简单介绍，主要侧重在外观形态方面。

3. 交通运输设施分类。

板书：交通运输设施

固定的：铁路、公路、车站、码头……

移动的：火车、汽车、飞机、轮船……

4. 组织学生探讨交通运输设施的便利之处。

结合你的亲身体验说一说交通运输设施为我们的生活带来了哪些便利？

要是没有这些交通运输工具我们的生活会是什么样子呀？

【设计意图】

以学生为主的课堂，就要把更多的时间交给学生，让他们充分研讨，在交流过程中增强语言沟通能力、概括能力。

环节三：师生互动，认识交通。

1. 出示课件，边演示边提问、讲解

交通运输任务的完成离不开交通运输方式，大家想一想，都有哪些交通运输方式呢？

板书：方式

提示学生回答出公路运输、铁路运输、水路运输、航空运输四种方式，并配合演示。

运输方式有这么多，那么大家知道它们各自都有什么特点吗？

说一说你是如何选择的，并说出选择的理由。

2. 大家说的都很好，同学们所说的理由实际上就反映了这些运输方式的特点。

3. 出示课件，边演示边讲解。

将林区的木材运往城市就不能只依靠一种交通运输方式，一般是要用汽车把木材从林区运到火车站，再通过火车把木材运到城市。

从北京到大连去，就可以先乘火车到天津，然后再换乘海轮到达大连。

大家想一想还有哪些这样的例子？

【设计意图】

师生互动，在互动过程中加深认识，设置情境，将知识运用到实际中去。

环节四：课堂总结，加深理解。

像这样靠几种交通运输方式的通力合作来完成一次交通运输任务，我们就说是交通运输"接力跑"。

【设计意图】

教师总结，能够起到提升作用，鼓励孩子继续研究。

第五课时：交通工具与生活

【活动背景】

交通工具的出现改变了人类的出行方式，使我们的生活发生了巨大变化。因此，探究交通工具与生活具有重要意义。

【活动目标】

1. 通过学习，学生初步学习如何查阅交通图，能够独立乘坐公共汽车，知道乘火车等需要注意的事项。

2. 知道各种交通信号等标志的作用，了解相关的交通法律法规，能自觉遵守交通法律法规。

3. 培养学生体谅他人、尊重他人劳动、爱护交通设施的意识。

【活动重难点】

活动重点：学习查阅简明交通图，知道各种交通信号、标志和标线的作用，知道有关的交通法规，懂得应自觉遵守交通法规。

活动难点：培养学生尊重他人劳动、爱护交通设施的意识。

【活动准备】

教师准备：课件、调查表

学生准备：搜集有关交通的各种资料、体验乘车路线

【活动过程】

环节一：亲切谈话，导入活动。

教师提问：

1. 交通运输业为我们的生活提供了那些方便？

2. 如果没有交通运输，我们的生活会怎样？

【设计意图】

教师创设温馨的情境，通过与学生的亲切谈话，让学生结合自己的经验畅所欲言，学生体验到乐趣，为研究课题起到了很好的铺垫作用。

环节二：学生汇报，充分交流。

1. 学生介绍乘车、乘船的有关资料。

（1）学生介绍乘车、乘船的有关知识。

（2）播放视频"车中的危险"。

2. 学生介绍各种交通标志及相关法规。

学生用课件或图片介绍各种交通标志、交通法规。

3. 学生介绍文明乘车方面的资料。

（1）学生表演小品《在公共汽车上》。

（2）学生讨论。

4. 学生介绍重大交通事故的案例。

5. 交警介绍中小学生常出现的交通事故及其原因。

6. 学生介绍在街头实地调查车辆和行人违反交通规则的情况。

【设计意图】

以学生为中心，充分尊重学生在课堂中的主体地位。

环节三：成果展示，教师总结。

1. 把学生收集的相关资料放在活动展区供同学参观学习，并且评出最受同学欢迎的资料，颁发最佳个人奖和最佳小组奖。

2. 提问：今天你学到了哪些知识？通过今天的学习你有什么收获？

教师小结：

交通工具，是我们人类智慧和辛勤汗水的结晶，它已深深融入我们的生活。我们了解它的过去，是为了更好地创造未来，交通运输为现代人的生活提供了极大的方便，同时由于一些人忽视交通法规，给很多家庭带来了不幸。我们应该遵守交通法规，发挥交通运输积极的方面，克服不利的因素，让它更好地为我们服务。请大家利用课下时间，留心身边的交通隐患，认真思考，提出你的改进方法，下节课一起谈论交流。

【设计意图】

教师总结，能够起到提升作用，鼓励孩子继续研究。

主题一：我做小导游

　　济南，是山东省省会，山东省的政治、文化、教育、经济、交通和科技中心。有"七十二名泉"，被称为"泉城"，素有"四面荷花三面柳，一城山色半城湖"的美誉。是国家历史文化名城、首批中国优秀旅游城市，是史前文化龙山文化的发祥地之一。

济南历史　　济南名人　　济南名吃　　济南名胜

可以从自己的兴趣出发，选择有条件和能力研究的。

　　同学们如果对我做小导游这个课题感兴趣，那就结合自己的经历和生活环境，在与同学、老师协商讨论的基础上，确定你们自己的实践活动主题，组成活动小组开展研究。

📖 **活动准备**

研究主题一经确定，就需要制订一份研究计划，确保整个研究过程的有序开展，而且为研究过程和结果的评价提供了参考的框架。

研究主题：我做小导游

研究目标与任务：

小组成员分工：

活动实施时间：

活动的主要内容及步骤：

利用课余时间，学生搜集济南历史、名人、名胜古迹等资料。了解济南的历史、名人轶事、名胜古迹及济南名吃，了解导游解说词以及名胜故事传说。利用双休日或假期游览济南名胜并拍摄照片。编制调查问卷……

活动需要的条件和可能遇到的困难：

预期研究成果：

成果表达形式：

……

📖 **活动实施**

查阅资料

1. 了解济南的历史、名人轶事、名胜古迹及济南小吃，简单了解导游解说词以及名胜故事传说。活动地点与途径：阅览室、电视、网络等。

请参考这些内容，设计自己的研究方案。

济南历史

济南是一座具有悠久历史的古城，1986 年 12 月被国务院公布为国家历史文化名城。

考古发掘证明，早在八九千年之前的新石器时代早期，济南地区就已有了人类活动的踪迹，目前这一时期的遗址全省发现七八处，其中仅济南章丘就有 4 处。距今 7300～6100 年前的北辛文化时期的遗址，已在境内发现 8 处，是山东省古迹分布最为密集的地区。此后的大汶口文化时期（距今 6100～4600 年），各地先民在济南地区的活动更加频繁，因而遗留下来分布较广、数量较多的遗址，其中章丘的王官、焦家，长清的大柳杭，平阴的周河等，内涵丰富，面积广大。与大汶口文化一脉相承的是山东龙山文化（距今 4600～4000 年）。龙山文化于 1928 年在今章丘龙山镇城子崖首次发现而被命名。通过对城子崖遗址的进一步发掘，发现在龙山文化时期，该处已有一座面积达 20 万平方米的城址，其规模居全国已发现的 8 处同时期城址之首。遗址上的龙山文化城址之内，存在一个面积 17 万平方米左右的岳石文化城址，这是国内发现和确定的第一座夏代城址。已进入奴隶社会的商代，社会生产力高度发达。在城子崖一带，建立了谭国。西周建国后，行分封制，济南地区属齐国。此时，谭国仍继续存在。

济南名胜

济南文物古迹众多，有舜文化遗址舜耕山、舜井、娥英河、舜庙，有先于秦长城的齐长城（公元前 3 世纪），中国最古老的地面房屋建筑——汉代孝堂山郭氏墓石祠（公元前 1 世纪），中国最古老的石塔——隋代柳埠四门塔（公元 7 世纪）和被誉为"海内第一名塑"的灵岩寺宋代彩塑罗汉（公元 11 世纪）。我国现有最古老的单层石塔——四门塔，具有极高的艺术和审美价值。李清照、辛弃疾、李苦禅等名人纪念馆陈列了他们的作品及其重要文献资料。

济南素有"泉城"的美称。泰山山脉丰富的地下水沿着石灰岩地层潜流至济南，被北郊的火成岩阻挡，于市区喷涌而出形成众多泉水。在济南的七十二名泉中，趵突泉、珍珠泉、黑虎泉、五龙潭四大泉群最负盛名。喷涌不息的泉水在市区北部汇流而成的大明湖和位于市区南部的著名佛教圣地——千佛山交相辉映，构成了济南"一城山色半城湖"的独特风景线。

1. 趵突泉公园是一座以泉水为主的民族形式的自然山水园林，风光秀丽，内涵丰富。名列济南七十二泉之冠的趵突泉被誉为"天下第一泉"，泉水分三股并发，水花四溅，喷射数尺，壮如白雪三堆，称"趵突腾空"，蔚为奇观。泉水质洁甘美，用来沏茶，色清、味醇、爽口。坐在泉东端的"望鹤亭茶社"饮泉品茗，令众多游人心旷神怡，流连忘返。趵突泉还是历代唱戏说书的场所。春夏秋双休日上午在白雪楼戏剧舞台有专场京剧演出，以《钓金龟》《望江亭》等经典剧目为主，还可以看到山东特色戏剧吕剧、柳子戏，以及曲艺等节目，游人还可以与演员联欢、联唱，自娱自乐。

2. 大明湖，见于北魏郦道元《水经注》："城西南有泺水……北为大明湖。"总面积86公顷，湖水面积46.5公顷。湖畔杨柳依依，湖上荷叶连连，清人刘凤诰写联赞道："四面荷花三面柳，一城山色半城湖。"大明湖还是历代名人荟萃之地，13世纪意大利著名旅行家马可·波罗曾发出"园林美丽，堪悦心目，山色湖光，应接不暇"的感叹。位于湖心岛的历下亭，上悬清高宗御书"历下亭"匾额。亭前楹联"海右此亭古，济南名士多"是杜甫的诗句。加之园内有"遐园""稼轩祠""北极阁"等景点缀其间，令游客赏景之余不忘记怀古，极受海内外游客好评。

3. 千佛山，位于市区南部，古称历山，相传虞舜（舜是我国原始社会晚期著名的贤君之一）曾耕稼于此，故又称舜耕山。隋开皇年间（581—600），佛教盛行，随山势雕刻了数千佛像，始称千佛山。千佛山主峰海拔二百八十余米，山上多巨石，庙宇亭台各据其胜，有饱经峥嵘岁月的唐槐，始建于隋唐几经兴废的古刹兴国寺，以及著名的"齐烟九点坊""文昌阁""舜祠""大佛头"等名胜。在此登高远眺，山下泉城美景尽收眼底。

4. 灵岩寺，坐落在长清区境内，是唐宋时代负有"四绝之首"美名的海内古刹。寺中现有天王殿、钟鼓楼、大雄宝殿等古建筑。其中千佛殿里环列的40尊彩色泥塑罗汉，是宋代泥塑之珍品，具有极高的艺术和审美价值。它们大小与真人相似，形状姿态各有不同，表情互异，神态逼真，而且其肌肉与脉络都表现得栩栩如生，书画大师刘海粟观后称之为"灵岩名塑，天下第一，有血有肉，活灵活现"。

5. 齐长城修建于公元前404年以前，完成于齐宣王时期（公元前319年—公元前301年）。早于秦始皇修建的"万里长城"百余年。齐长城西起济南市长清区境内，东至青岛市黄岛区小珠山，蜿蜒千余里，是古代一项巨大的军事防御工程。

6. 四门塔坐落于泉城柳埠镇青龙山麓神通寺遗址东侧，是我国现有最古老的单层石塔。四门塔全部用大块青石砌成，塔顶用二十三行石板层层叠筑,成四角攒尖方锥形屋顶。整个形体简介质朴、浑厚大方，是单层塔的早期建筑范例。

7. 五峰山位于长清县城东南40余里，占地面积4.83平方公里。五峰山与泰山、灵岩并称鲁中"三山"。山中，峰、宫、观、亭、台相互掩映、风景绝佳。南北朝时，佛教在此发展，莲花洞内数百尊佛像至今已有一千四百多年的历史。金元时期道教在此兴盛。历史上五峰山道观曾4次受到皇帝的敕封。优美的自然景观和悠久的历史文化融为一体，景景生辉，处处生情。

8. 济南是中华文明的重要发祥地之一，境内发现以红褐色陶器为标志的西河类型（距今8400—7300年）文化遗址10多处。济南东郊的城子崖是中国新石器时代晚期以黑陶为标志的龙山文化（距今 4600—4000 年）的发现地，这里发现了中国最古老的城址约 20 万平方米。说明济南作为城市的历史在 4000 年以上。当时，中国有一位原始部落的首领——舜就诞生并生活在济南一带。

济南名人

传统儒家文化的正脉发迹于齐鲁，并为齐鲁厚土灌进不绝的灵性与神秀之气，一代代的齐鲁英豪由滋而生，若黄河之水奔流不息——

1. 辛弃疾和李清照

济南最有名的历史名人应该是辛弃疾和李清照这两位词人，这两位词人都是济南人，所以倍受济南人喜爱。大明湖里有辛弃疾祠和藕神祠，藕神祠里供奉的就是李清照，老百姓以为李清照死后晋升成了藕神守护着济南的百姓，就给她修了藕神祠。

辛弃疾（1140 年 5 月 28 日—1207 年 10 月 3 日），字幼安，号稼轩，南宋著名将领、词人。

辛弃疾是豪放派词人的代表，与苏轼合称"苏辛"，与李清照并称"济南二安"；他的代表作有《水龙吟·登建康赏心亭》《永遇乐·京口北固亭怀古》等。年仅二十一岁的辛弃疾曾聚集两千人起义抗金，之后仕途多舛，最终归隐上饶。1207 年，辛弃疾逝世，享年 68 岁，后赠少师，谥号忠敏。辛弃疾的词以其内容上的爱国思想，艺术上的创新精神，在文学史上产生了巨大影响。

李清照（1084—约 1155 年），号易安居士，章丘（今属山东济南市）人。南宋杰出的女词人。李清照自幼受到良好的文化教养。诗、词、文兼擅，李清照长于抒情，巧于构思，词的艺术成就很高。有《词论》传世。她是第一位专门致力于抒情的女词人，把闺情词推向了一个新的艺术高峰，在词的发展史上有突出的地位。词集名《漱玉词》《李清照集》，她以"寻常语度入音律"，虽明白如话，却非常优美清丽，既能准确地表达出真情实感，又能创出新意。

2.铁铉，大明湖里还有铁公祠，就是纪念《明朝那些事里》被浓墨重彩写了一笔"忠义"赞歌的铁铉，他历官山东布政使、兵部尚书，在靖难之变时不肯投降造反夺位的燕王朱棣，并召集溃败的士兵坚守济南，击退燕王朱棣，在朱棣夺位后被施以磔刑，时年37岁。老百姓尊敬其忠义不屈，建立铁公祠来纪念他。

3.秦琼(?-638年)，字叔宝，齐州历城(今山东济南市)人，隋末唐初名将，因勇武过人而远近闻名，是一个能在万马军中取敌将首级的勇将，但也因此浑身是伤。唐统一后，秦琼久病缠身，于贞观十二年(638年)病逝。五龙潭最有名的故事就与隋末唐初的山东英雄秦琼的传说有关，传说秦琼的宅第在一次豪雨之后下陷，就是今天的五龙潭。下面是现在的秦琼故居。

5.老舍先生，老舍先生的《济南的冬天》给济南的宣传做了很大的贡献，在大明湖从秋柳桥向南走，在邻近水西桥的路东有一老宅院(原为学院街12号院)被辟建为老舍纪念馆。

6.闵子骞，济南有一条闵子骞路，就是以孝子"闵子骞"命名，闵子为人所称道，主要是他的孝；作为二十四孝子之一，孔子称赞说："孝哉，闵子骞！人不间于其父母昆弟之言。"元朝编撰的《二十四孝图》中，闵子骞排在第三，是中华民族先贤人物。他最有名的，就是那个穿后母缝制的芦花棉袄，冻得瑟瑟发抖还阻止父亲休妻的故事。

7.终军，老家在济南仲宫，"主动请缨"的典故即来自于终军。

资料来源：

http://www、mafengwo、cn/wenda/detail-7949447. html

济南名吃

1.草包包子,济南的名吃,始创于20世纪30年代。普利街15号,坐1路公交车到普利街下车前行10米左右。因创始人张文汉先生憨厚淳朴的绰号"草包"而得名。精致皮薄味美多汁,迄今已开发出以猪肉灌汤包为首的十余种风味。花生糊也好喝。吃不了的用荷叶打包带走。那个大荷叶特别香。这可是济南的老字号,不仅是一种食品,而且是一种文化。

2.孟家扒蹄,是山东济南市的当地名吃之一,其软烂香醇、色泽细腻红润,肉烂脱骨而皮整,味鲜醇厚而鲜香,非常受当地人和游客的喜爱。

3.名士多烤全羊,济南经三纬九路26号。泉城"十大名吃之一",清朝末期即名声大起。选梁山1岁青山羊,以家传秘方烤制,保持原汁原味,色香味俱佳。

4.油旋,济南的传统小吃"油旋"如今已列在"山东省第二批非物质文化遗产名录"中。油旋有圆形和椭圆形两种,大多数当地济南人都是趁热吃。油旋是来济南旅游时必吃的一种特色小吃。

5.甜沫是泉城济南的一种特色早餐,主要食材有小米面、花生米、粉条、豇豆、五香豆腐干、菠菜等,其呈粥状,色黄微咸,五香味浓。甜沫是在济南的众多小吃中最价廉物美的"招牌"名优小吃。

资料来源:

https://jingyan、baidu、com/article/fec4bce223a361f2618d8ba4.html

https://baike、so、com/doc/5573931-5788346.html

2. 游览并摄影济南的名胜古迹,听导游讲名胜的故事传说,并摄影留念。游览你喜欢的地方并把游览过程中听到的感受到的记录或拍摄下来。

3. 展览与演讲。

展示与交流

小组交流和全班进行汇报展示

1. 小组交流展示所收集的有关文字资料和图片资料。

2. 班级展示照片、手抄报，汇报调查结果。

3. 全班交流导游用语及名胜故事传说。

反思与评价

通过本次活动，我们经历了资料的搜集与整理，拍摄了精彩的照片，并开办了摄影展，制作了手抄报，相信同学们一定有很多的体会和感受，把它们写下来吧。

研究主题拓展

济南，作为国家历史文化名城，还有很多特色和故事等待我们继续探索、发掘。让我们用智慧的眼睛去发现它们吧！"

课时设计

第一课时：我做小导游——济南历史

【活动背景】

现在的人们越来越重视生活质量，节假日更愿意走出家门，访遍祖国大好河山，因此学生外出游玩的机会也就多了。而作为济南的学生，生活在这座古老而又现代的城市无疑是幸福的。济南有深厚的文化底蕴，值得游玩的景点很多。此次活动的目的是让学生在设计假日旅游计划的过程中走进济南，感受它无穷的魅力，并培养学生搜集材料、整理材料，有条理地解决问题的能力。

【活动目标】

1. 从不同的方面了解济南，增进学生热爱济南的情感。

2. 感受济南历史的悠久以及独特的传统。

【活动重难点】

活动重点：从不同的方面了解济南历史。

活动难点：整理济南历史的悠久以及独特的传统。

【活动准备】

教师准备：课件、调查表

学生准备：搜集济南历史的相关资料

【活动过程】

环节一：导入揭题。

教师导入：济南是一首深情的诗，济南是一曲美妙的歌，济南是一份永不褪色的记忆，济南是一本令人回味无穷的书。它是李白心中那份"举头望明月，低头思故乡"的思念；它是王维拂之不去的"独在异乡为异客，每逢佳节倍思亲"的孤独；它是王安石那"春风又绿江南岸，明月何时照我还"的无奈。

今天，让我们一起走进济南吧！

【设计意图】

激发学生探究济南的兴趣。

环节二：交流品读。

师：大家课前做了不少准备，应该是有备而来吧！谁愿意第一个起来介绍我们的济南呢？

生：上台介绍济南的历史。

【设计意图】

汇总学生自己搜集的资料，培养他们搜集、整理资料的能力。

环节三：师生互评。

师：刚才听了他们的介绍，同学们，谁还有要补充的呢？

听完他们的介绍，你有什么感受和感想吗？

生自由发言。

师：我也来给大家点评一下吧！

1. 有内容，有主题。

2. 形式多样，引人入胜。

3. 台风不够自然，介绍时感情不够。

【设计意图】

引导学生学会自评、互评。

环节四：总结方法。

师：大家搜集整理的关于济南的历史的材料非常全面。谁能来介绍一下，你是用什么方法搜集到的这些资料？

生：通过网络搜索、跟家里老人交流询问、在相关书籍、报刊中查找。

师：让我们学会利用手里的一切资源，搜集更广泛的资料，为我们的实践活动打好基础！

第二课时：我做小导游——济南名人轶事

【活动背景】

儒家文化的正脉发迹于齐鲁，并为齐鲁厚土灌进不绝的灵性与神秀之气，一代代的齐鲁英豪由滋而生，若黄河之水奔流不息。作为济南人，应该了解济南历史上的名人，树立身边的榜样。

【活动目标】

1. 从不同的方面了解济南，增进学生热爱济南的情感。

2. 了解济南的名人、轶事、感动你的人和事。

【活动重难点】

活动重点：从不同的方面了解济南名人。

活动难点：探寻感动你的人和事并记录。

【活动准备】

教师准备：课件、调查表

学生准备：搜集济南名人轶事的相关资料

【活动过程】

环节一：导入揭题。

师：济南不但历史悠久，风景秀丽，还有很多名人轶事，我们身边每天都在发生着感人的事，今天就让我们一起来认识一下济南的名人，了解一下他们的轶事，交流一下发生在你周围的感动你的人和事。

【设计意图】

激趣导入，揭示主题，明确任务。

环节二：交流品读。

师：上节课我们搜集了很多济南历史，也总结了搜集资料的方法，这次同学们应该收集了更多资料，谁愿意第一个起来介绍你了解到的济南名人？

生：上台介绍济南的名人轶事，还有发生在身边的感人事迹。

【设计意图】

深入交流、探究济南历史，搜集关于济南的不同历史时期的资料进行交流展示。

环节三：师生互评。

师：刚才听了他们的介绍，同学们，有什么收获和感受？

生自由谈收获和感受。

师：我也来给大家点评一下吧！

1. 内容充实，主题鲜明

2. 声情并茂，引人入胜。

【设计意图】总结搜集到的资料。

环节四：明理升华。

通过刚才的介绍，你有什么收获？有哪些济南的名人让你印象深刻？他们身上有什么值得我们学习和传承的？

师生自由交流。

第三课时：我做小导游——济南名胜古迹

【活动背景】

济南，作为旅游城市，有自己的韵味。济南文物古迹众多，还有特有的"七十二名泉"，独有的泉水文化，让人流连忘返。活动引导孩子探寻济南的景点，寻找家乡美景。

【活动目标】

1. 了解济南的风景名胜，增进学生热爱济南的情感。

2. 交流各个风景名胜区的景点、风光。

【活动重难点】

活动重点：从不同的方面了解济南名胜古迹。

活动难点：走入济南各处名胜古迹。

【活动准备】

教师准备：课件

学生准备：搜集济南风景名胜的相关资料并实地体验

【活动过程】

环节一：导入主题。

师：济南，是一座美丽的城市。它风景秀丽，有很多风景名胜区，更有许多名人闻名中外。今天，就让我们一起走进美丽的济南，感受它独特的魅力！

【设计意图】

这节课主题是学生们较为熟悉的泉水文化。用景色秀丽的图片、文字激发学生探究的兴趣。

环节二：交流品读。

1. 师：老师听说你们课前做了不少准备，你们应该是有备而来吧！谁愿意第一个起来介绍呢？

学生按小组分工，上台介绍济南的名胜景点，比如：大明湖、趵突泉、千佛山……

2. 结合小学语文课本中《趵突泉》一课，重点讲一讲七十二名泉之首——趵突泉，了解济南四大泉群。

【设计意图】

结合《趵突泉》一文，引导学生继续探寻济南的其他名泉。

环节三：情感升华。

1. 让学生讲一讲自己曾经探访过的名泉，说说自己的感受。

2. 请学生思考：泉水给我们的济南济南带来了哪些好处？

3. 作为济南人，对保泉、爱泉、护泉，我们能做点儿什么？

生：制作倡议书，平时注意节约用水。

4. 绘制简易名泉地图。

环节四：课堂小结。

通过刚才的交流、讨论，我们了解了济南这么多美丽的地方，你们有什么感受呢？

第四课时：我做小导游——济南名吃

【活动背景】

济南，作为鲁菜发源地，有独具风格的特色美食，还有让人回味无穷的各色小吃。吃，是济南人生活中必不可少的一部分。了解济南，就要从了解济南名吃开始。

【活动目标】

1. 了解济南的美食，增进学生热爱济南的情感。

2. 交流各种美食特色。

【活动重难点】

活动重点：从不同的方面了解济南名吃。

活动难点：能描述济南美食的特点。

【活动准备】

教师准备：课件、调查表

学生准备：实地体验济南美食并绘制简单的地图

【活动过程】

环节一：导入活动主题。

师：我们的济南是一座美丽的城市，风景秀丽，是有名的旅游城市，济南的美食更是远近闻名。中国汉族的四大菜系之首鲁菜，就是起源于齐鲁风味，鲁菜是中国家常菜之基础，历史源远流长，底蕴深厚。这节课就让我们来当小导游，品尝济南美食。

【设计意图】

揭示主题，介绍我们身边的美食。探寻鲁菜的特点。

环节二：美食汇集。

师：济南有很多有名的小吃一条街，你们在探寻美食的时候都是去的哪里？

生：芙蓉街、宽厚里、县西巷……

师：你们在这些地方，探寻到了哪些济南美食呢？

生介绍济南的小吃，比如：油旋、烤地瓜……

师：它们的味道如何，你最喜欢哪种美食？

生自由发表意见。

师：你们对鲁菜了解吗？吃过正宗鲁菜吗？有什么特点？

生：吃过爆炒腰花、九转大肠、糖醋鲤鱼……

【设计意图】

让学生通过上网、和家长学习鲁菜制作方法，交流鲁菜的特点。

环节三：汇总点评。

1. 师：刚才听了同学们的介绍，老师都快要流口水了。让我们一起汇总各色美食，绘制济南美食地图，向游客们介绍这些美味吧！

生分组绘制美食地图。

2. 交流展示小组的美食地图，老师进行点评、汇总。

环节四：总结。

经过同学们的精心准备和整理，我们了解了济南这么多美食，期待作为济南小主人的你们，带领游客们品尝济南的诱人美食！

第五课时：我做小导游——"济南美"摄影比赛

【活动背景】

通过前几次活动，学生从不同角度了解济南。这次活动，带领孩子们用心感受济南的美，用相机记录济南的美。

【活动目标】

1. 通过比赛的形式，让学生发现济南更多的美，激发学生热爱济南的情感。

2. 通过这种形式，锻炼学生的表达能力。

【活动重难点】

活动重点：寻找、感受济南的美。

活动难点：探寻济南具有特色的地方，并用相机记录。

【活动准备】

教师准备：课件

学生准备：制作济南城市名片

【活动过程】

环节一：导入主题。

师：同学们，我们的生活中不是缺少美，而是缺少发现。我们的济南历史悠久，我们每天都生活在秀丽的风景中，让我们用一双善于发现的眼睛去观察，用相机去将瞬间变为永恒。和大家一起分享一下你寻找的济南的美。

【设计意图】

鼓励学生用手中的相机记录济南这座城市的美，用自己的眼睛去观察城市特点和变化。

环节二：作品展示。

师：请大家把自己拍摄的照片的时间、地点、故事讲给我们听，尽量做到声情并茂，引人遐想。

生：相互展示、交流

环节三：评选佳作。

师：看了同学们照片，听了你们的解说，老师深深体会到，美景无处不在，只要我们怀着一颗赞美的心，用一双善于发现的眼睛去观察，总能体会到济南别样的美！让我们一起投票评选出最能展现济南风土人情的作品！

第六课时：我做小导游——我是济南小主人

【活动背景】

济南是全国文明城市，作为小主人的我们，应该具有主人翁意识，倡议自己身边的同学们讲文明、树新风。通过这次活动，引导学生做文明好市民。

【活动目标】

1. 通过本次主题开展，引导学生树立主人翁意识，热爱自己的城市。

2. 通过拟定倡议书，促进学生积极参与到文明城市建设中，并做文明城市创建的小宣传员。

【活动重难点】

活动重点：引导学生树立主人翁意识。

活动难点：发出文明倡议并向身边人宣传。

【活动准备】

教师准备：课件、调查表

学生准备：搜集济南创建文明城的相关资料

【活动过程】

环节一：导入活动主题。

师：同学们，你们知道济南市是全国文明城市吗？

生：知道。

师：作为济南的小主人，你为济南创建全国文明城市做了哪些努力和贡献呢？

生：我们遵守交通规则，主动维护周边环境卫生，公共场合做到文明礼让，不大声喧哗……

师：对，同学们说的这些都是一个热爱祖国、热爱家乡的人应该做到的，我们应该不但要自己做到，还应该去宣传、影响身边的人，争做文明好市民！

环节二：发出倡议。

师：让我们一起拟定《小手拉大手》倡议书，向洪家楼小学的全体师生和家长发出倡议吧！

生分组制定《倡议书》。

【设计意图】

激发学生的主人翁意识，爱济南、护泉水，参与文明城市建设，并开展"小手拉大手"倡议书，和家长共同做文明市民。

环节三：交流汇总。

主题二：走进环保

适宜的环境是人类生存的保障，美丽的地球是我们共同的家园。随着人口的增长与工业的发展，人们对环境的破坏与日俱增，水资源枯竭，森林植被被破坏，空气被污染，环保已然刻不容缓！同学们，让我们一同走进环保，为我们共同生存的家园而努力！

认识环保标志

同学们如果对走进环保这个课题感兴趣，那就结合自己的经历和生活环境，在与同学、老师协商讨论的基础上，确定你们自己的实践活动主题，组成活动小组开展研究。当然，也可以先建立活动小组，再确定主题。

活动准备

研究主题一经确定，就需要制订一份研究计划，确保整个研究过程的有序开展，而且为研究过程和结果的评价提供了参考的框架。

 活动实施

查阅资料

了解环保的意义和作用。

你是怎样查找资料的？把你的资料与同学一起分享吧！

一般而言，研究的前期工作之一，就是查阅同研究课题相关的资料，在研究活动过程中，也需要补充一些相关资料，资料查找，可以多种途径，你可以从教师或专家那儿获得帮助，也可以去图书馆查阅，或者从网络上收集所要的信息等等。

研究主题：走进环保

研究目标与任务：

小组成员分工：

活动实施时间：

活动的主要内容及步骤：

通过搜集资料了解环保的意义和作用，通过调查和搜集了解环保的现状，并思考自己能为环境保护做些什么。

活动需要的条件和可能遇到的困难：

在搜集环保知识时，由于对互联网资料搜索的不熟练，对于资料的筛选缺乏相关的知识，所以对于环保的了解不全面……

预期研究成果：

成果表达形式：

……

请参考这些内容，设计自己的研究方案。

小资料

环境污染

环境污染指的是人类直接或间接地向周遭环境排放超过其自然自净能力的物质或能量,从而使环境质量降低,使人类的生存与发展、生态系统造成不利影响的现象。如:大气污染、水污染、放射性污染、噪声污染等。

人们一直认为地球上的海、陆、空资源是无穷尽的,因而从不担心把千万吨的废气送到天空去,把数亿吨计的垃圾倒进海洋,大家都认为地球这么大,一点儿废物不算什么。事实上,我们错了,地球虽大,生物却只能在海拔8公里——海底11公里的范围内生活,占百分之九十五的生物只能生存其中约3公里的范围内,人们无法也不能肆意地从自然获取资源及污染有限的环境。

例如我们所熟知的空气污染,这是最为直接与严重的环境污染了,其主要污染缘是汽车、发电厂、工厂等,主要污染物有一氧化碳和硫化氢等。我们的身边每天都有人因呼吸了这样污浊空气染上呼吸和视觉上的疾病,而且你无法避免,因为空气污染伴随着你的每一口呼吸……

参观与访问

同学们通过查阅资料,了解了环保,接下来,想想办法,最好通过自己的努力,联系环境监测站等有关环保单位,在老师或家长的陪同下前去参观,了解了我市空气、水质质量监测过程,探寻我市空气污染因素及整治情况,用自己的眼睛和笔与环保工作开展一次零距离的接触。

访谈记录表

访谈主题：

访问者（学生）：

被访问者：

工作单位、职务（职称）、专业（专长）

访问方式：

电话、书面、面对面、其他

访问时间、地点：

访谈问题（提纲）：

访问记录：

……

通过访问、参观，你发现了什么？整理一下通过调查和观察获得的资料，撰写小组的调查报告和参观报告。

设计与制作

通过走进环保，同学们了解了环保的至关重要，那怎样才能更好地将环保宣传出来，做到让更多人所熟识，真正将环保运用到生活之中呢？想必没有什么比废物利用制作手工艺品更加高端大气上档次了。同学们让我们一起来制作吧！

小资料

果冻壳串起来可以做风铃，用各种瓜子壳可以拼画，用过的一次饮料瓶可以剪成花篮等，……各种瓶瓶罐罐都可以利用起来。

1. 用卫生纸筒当身子，粘上小动物的耳朵、鼻子、眼睛、嘴，就是一个可爱的小动物。卫生纸筒也可以用来做树干。

2. 信封可以做成袋偶。贴上或画上眼、嘴、鼻、耳朵，在信封两侧各剪一个半圆形的洞，小朋友就可以把手伸进去，小指和拇指从两边的小洞伸出，就做成了一个小木偶。

3.瓶瓶罐罐都可以制作。酸奶瓶做拉力器。废弃的易拉罐做美丽的金属画，它们都是销路不错的手工艺品。

环保是我们每个人的责任，让我们变废为宝，将环保的行为从点滴做起。

展览与推销

举行一次废物利用制作手工艺品展销会，将自己亲手制作的手工艺品进行展销。注意要认真布置展台，精心设计推销词，争取把自己废物利用制作的手工艺品卖出去，并进行环保宣传。有条件的同学也可以将自己的作品放在网上进行展销，真实、及时、详细地记录下自己的感受。

设计与宣传

开展一次主题为"爱心奉献"的活动，将卖废物利用制作的手工艺品所得到的收入，捐给贫困的学生，捐给生活困难的孤寡老人，捐给灾区的人民……让我们人人都献出一点爱，让世界变成美好的人间！

开展一次"保护环境，从我做起"征文比赛活动。要写出自己的真情实感，表达自己保护环境的决心。

展示与交流

1. 所收集的有关文字资料和图片资料、废物利用制作的手工艺品。

2. 调查记录材料，交流调查过程中的典型事例和感受，汇报调查结果。

3. 交流活动后的感受和体验。

4. 交流、展示主题为"保护环境，从我做起"的征文作品。

反思与评价

通过本课题的研究你对走进环保有什么新的认识？在研究过程中遇到了什么问题和困难？你是如何解决问题、克服困难的？你是否认真参加每一次小组活动，努力完成自己所承担的任务？你能够主动提出研究和工作设想、建议？你能否与同学合作，善于采纳他人意见？你在研究过程中掌握了哪些研究方法？

你对自己在活动中的表现满意吗？老师和同学们是怎么评价你的？

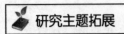

研究主题拓展

自然环境对人类的意义是毋庸置疑的，环境保护刻不容缓。我们如何从自身做起保护我们的蓝天绿水和家园？这些问题都需要我们继续去探究。

课时设计

第一课时：认识各种环保标志

【活动背景】

环保标志也叫绿色标志、生态标志，是由政府部门或者公共、私人团体，依据一定的环境标准向相关厂家颁布证书，证明其产品的生产及使用处置过程，符合环保要求，对环境无害或者危害极少，并且有利于资源再生和回收利用的一种特定标志。

如何深入认识环保标志，使学生从小建立保护环境的意识，对学生的情感体验和实践感受有极大的帮助。

【活动目标】

1. 通过查阅图书、收集资料等途径，认识各种环保标志，了解环保标志对社会生活等方面的影响，认识中国环境保护徽图案的设计及使用说明，能够在生活中找出相关环保标志。

2. 通过了解环保标志的知识，培养学生观察、探究的能力和合作意识及团队精神。

3. 通过活动体验，能感受到与他人合作的乐趣、与他人分享的快乐。

【活动重难点】

活动重点：认识各种环保标志及使用说明，运用各种环保标志。

活动难点：活动体验后指导产生主题。

【活动准备】

教师准备：

1. 课前指导学生分组，提前准备好相关资料。

2. 相关的课件等。

学生准备：提前初步了解环保标志。

【活动过程】

环节一：亲切谈话，导入活动。

1. 屏幕出示各种环保标志，引导猜一猜。

2. 展示各种环保标志的使用场景，学生结合具体情境进行识记。

【设计意图】

通过猜猜看这种学生喜闻乐见的课堂组织形式，创设良好的课堂氛围，激发学生的学习兴趣。

环节二：小组讨论，评价表扬。

1. 四人小组讨论，在生活中，看见过有哪些环保标志？

2. 小组比赛，谁说得多。老师随机出示相应标志，引导学生说意思。

3. 小结并鼓励做得好的小组。

【设计意图】

通过小组讨论竞赛的形式提高全体学生的参与度，并且通过联系生活加深对环保标志的理解。

环节三：汇报交流，生成课题。

1. 请同学们观察中国环境保护徽图案。你看到了些什么？交流汇报一下。

2. 师总结：

（1）中国环境保护徽象征地球，它代表地球只有一个，是我们全人类赖以生存的大环境，我们要共同保护它。

（2）徽标上端图案基本结构与组合与联合国环境保护徽相近，代表环境保护事业是全球性的，它被全世界所关注。当今现代，日益恶化的环境告诫人们——环境保护事业与全人类的生存休戚相关。

（3）上端图案绿色橄榄枝，既代表安宁、和平，又代表一切植物和生态环境——象征绿色在召唤，人们需要知道：绿色的消失，会使生态失去平衡，是对人类生存的严重威胁。

（4）图形的蓝色块，象征蓝天与碧水，泛指大气与水体；太阳代表宇宙空间。山与水用中国象形文字图案化，从形象上增强了中国特色。象征环境保护工作者的任务，是要通过对污染的治理与监督，使天常蓝、山常绿、水常清，让人们永远生活在美好的环境中。

图案基本色调明快、洁白——代表洁净、无污染的大气。

（5）最下端 ZHB 是中国环保的拼音字母缩写，说明这是环境保护徽。

【设计意图】

本环节使学生们明晰了环保标志的确切含义，透过环保标志的释义过程对学生们进行环保思想的正确引导。

环节四：实践探究，课题拓展。

环保标志在我们生活里随处可见，时时提醒着我们从身边的小事做起，为了地球的天常蓝、山常青，水常绿，让我们大家共同奉献出自己的一份力、一分光！

在生活中我们还可以在哪些方面做到环保？

【设计意图】

本环节体现了教师的指导作用，引发学生继续探究的兴趣，保持活动的持续进行。课下的拓展作业，既使学生体会到环保标志在生活中不可或缺的作用，又使学生对环境保护加深了理解。

第二课时：水的现状与思考

【活动背景】

我国是一个严重干旱缺水的国家，是全球水资源最贫乏的国家之一，而且随着我国人口的不断增长，水源的污染情况也十分严重。随意排放的工业废水、生活污水，无不在污染着我们赖以生存的水源。济南素以"泉城"著称，但是我们的天下第一泉数次停喷，是什么原因？我们随处可见的臭水沟，在散发臭味的同时，更引发了我们深层的思索——保护水源刻不容缓！

【活动目标】

1. 通过交流和搜集"水的现状"的有关资料，使同学们了解水资源的不足与紧缺，在引发保护水资源的责任感的同时锻炼同学们的思考认知能力。

2. 通过亲历"水的现状与思考"的实践活动，结合身边水环境的实际情况，培养学生的观察、探究能力，合作、交往的能力，资料搜集、整理的能力。

3. 使同学们树立保护环境的思想，养成珍惜水源的习惯。

【活动重难点】

活动重点：从同学们的身边和爸爸妈妈的工作中，找出对水造成污染的来源。

活动难点：面对平时水浪费现象，写出你和父母的想法、做法。

【活动准备】

教师准备：

1. 课前根据学生的爱好、特长分组。

2. 多媒体课件、笔记本、照相机、纸、笔。

学生准备：提前搜集"水的现状"的资料，做课前准备。

【活动过程】

环节一：亲切谈话，激趣导入。

师：我国是一个严重干旱缺水的国家，是全球水资源最贫乏的国家之一，而且随着我国人口的不断增长，水源的污染情况也十分严重。随意排放的工业废水、生活污水，无不在污染着我们赖以生存的水源。济南素以"泉城"著称，但是我们的天下第一泉数次停喷，原因为何？我们随处可见的臭水沟，在散发臭味的同时，更引发了我们深层的思索——保护水源刻不容缓！

【设计意图】

本环节重在向学生们强调水的重要性及我们目前所面临的的缺水困境，引导学生们在此背景下展开思考。

环节二：探究方法，提出问题。

1. 在课上观看主题幻灯片，找出里面存在的问题及现象。

2. 小组讨论，提出解决方案。

【设计意图】

通过对水资源所存在的问题及现象的讨论，引导学生思考解决方法，拓展解决问题思路。

环节三：生成课题，布置要求。

1. 布置课下回家采访实践的活动要求：去我们的身边，爸爸妈妈的身边，找出对水造成污染的来源。

2. 写出发现的问题以及如何改善的方案。

【设计意图】

本环节体现了教师的指导作用，引发学生继续探究的兴趣，保持活动的持续进行。课下的拓展作业既使学生体会到环保标志在生活中不可或缺的作用，又使学生对环境保护加深了理解。

环节四：展示交流，升华思想。

1. 交流总结同学们的发现和处理方法。

2. 再次普及节水护水的意识和想法。

【设计意图】

通过问题的交流，让学生在交流中产生思维的碰撞，引发学生对水的现状的思考，更加有效地指导学生的活动。

环节五：交流评价，奖励优秀。

1. 向同学们发出你对水资源保护的倡议，设计并制作宣传语。

2. 采用投票选举的方法，选出优秀作品。

【设计意图】

本环节总结的同时更以评价奖励的方式激励孩子们继续为保护水源、保护环境而努力。

第三课时：空气污染的情况与思考

【活动背景】

中国城市化、工业化的快速发展和能源消耗的迅速增加，给中国城市带来了严重的空气污染问题。20 世纪 70 年代，煤烟型污染排放是中国工业城市的特点；80 年代，南方许多城市遭受了严重的酸雨危害；近年来，汽车尾气排放形成的光化烟雾，又使空气质量严重恶化。空气污染影响了人们的健康和经济的发展。

【活动目标】

1. 通过搜集、交流"空气污染状况"的相关资料，使同学们对大气污染的现象、种类有初步的直观认识，锻炼同学们思考、解决问题的能力，营造学生和父母之间良好的沟通氛围。

2. 通过"空气污染的情况与思考"的实践活动，结合身边实际情况，培养学生的观察探究能力、合作与人交往的能力，资料的搜集、整理能力。

3. 使同学树立保护环境的思想，养成保护环境的习惯。

【活动重难点】

活动重点：对大气污染的现象、种类有初步直观的认识。

活动难点：面对空气污染的现实，懂得环保刻不容缓的道理。

【活动准备】

教师准备：

1. 根据学生的爱好、特长分小组。

2. 多媒体课件、照相机、笔。

学生准备：搜集"空气污染"的相关资料。

【活动过程】

环节一：观看影片，创设情境。

1. 观看有关空气污染的影视片段。

2. 提问：针对影片，说出你们的想法和感受。

3. 小结：空气污染的主要原因来自工厂排放的烟尘和废气，还有汽车、飞机、轮船排放的废气，以及家家户户的炉灶烟尘、垃圾等等。

【设计意图】

本环节以背景介绍的形式向同学们创设了一个真实的空气污染的现状，引发学生的思考。

环节二：提出问题，独立思考。

1. 有害的物质、难闻的气体散发在空气中，会带来什么危害呢？我们再来看一段影片。

2. 提问：看完影片后，大家觉得会带来什么样的危害呢？

3. 小结：会危害人的身体健康，严重的会得肺癌。使大片的农作物、树木的叶子变黄、枯萎，甚至死亡。总之是地球的灾难。

【设计意图】

此环节的出现是本节课的基础，学生通过观看主题空气污染影片，启发学生探究的兴趣，同时思考危害，发展思维。

环节三：布置要求，实践体验。

1. 让我们一起做地球卫士，一起来想想办法，如何做才能减少环境的污染，把家园变得更美丽？小组交流讨论。

2. 引导学生从"从身边小事做起，从自身做起，从现在做起来"谈。

【设计意图】

本环节结合生活实际，加深学生的"环保从我做起"的责任意识。

环节四：变废为宝，联系生活。

1. 其实污染环境的废旧物品也可以是有利的资源，就看你怎么样去合理地运用。下面再一起来看一段影片。

2. 提问：我们的生活当中也有非常多废旧物品，我们怎么样才能把它们变废为宝呢？

【设计意图】

本环节体现了教师的指导作用，变废为宝的思维导向，激发学生动手的兴趣。

环节五：拓展实践，总结提升。

请同学们课下出一张有关环境保护的宣传报，并评选出最优秀的作品，让每个人都来"保护环境，爱护家园"。

【设计意图】

本环节体现了教师的指导作用，引发学生继续探究的兴趣，保持活动的持续进行。课下的拓展作业，既使学生体会到环保的重要性，又使学生对环境保护加深了理解。

第四课时：环保行为——防治噪声

【活动背景】

噪声干扰人们休息、学习和工作。噪声污染严重的会危害人们的身体健康，我们国家在工业化过程中，虽然取得了极大的成就，但也不可避免地出现了极大的环境问题，其中噪声污染直接影响人们的生产生活。

【活动目标】

1. 通过搜集、交流"噪声污染"的资料，了解噪声的来源、危害，了解防治噪声的途径，增强环保意识。

2. 结合身边实际情况，培养观察、探究、合作的能力，资料的搜集、整理能力。

3. 树立环保思想和保护环境的习惯。

【活动重难点】

活动重点：通过体验观察，了解防治噪声的方法和重要性。

活动难点：通过学习防治噪声的方法，培养解决实际问题的能力。

【活动准备】

教师准备：

1. 根据学生的爱好、特长分小组。

2. 多媒体课件。

学生准备：提前搜集"噪声污染"的资料，闹钟、纸盒、耳塞、泡沫塑料。

【活动过程】

环节一：亲切交流，引入新课。

1. 欣赏一段音乐。

师：听了优美的音乐大家有什么感觉？

2. 播放噪声，请学生回答感受。

师：我们通常把声音分为两类：一是能给人优美享受的声音，叫乐音；一类是让人心烦意乱的声音，叫作噪音。这节课我们共同探讨——噪声的危害与防治。

【设计意图】

教师创设温馨的情境，通过与学生的亲切谈话，让学生结合自己对美好声音的喜爱，对噪声的真实体悟，为接下来的环节做好铺垫。

环节二：提出问题，进行探究。

1. 噪声的来源

课件出示：展示波器显示铁钉刮玻璃时产生的噪声波形。

2. 噪声强弱的等级和危害。

3. 如何控制噪声。

【设计意图】

本环节对噪声有了更为数据化精确化的了解，明晰了噪声的巨大危害，使学生展开思考，如何控制噪声。

环节三：揭示原理，交流讨论。

1. 联系身边实际生活，说说噪声对大家的生活影响。

2. 简单归纳，噪声来源：交通、生产生活、建筑施工、大自然的噪声等。

3. 噪声对我们的生活有着不同程度的危害，比如：影响学习、工作效率，干扰睡眠等等。除了这些，噪声对我们的危害还有哪些？小组交流并归纳。

4. 小组讨论，什么方法可以减弱噪音？

5. 课件展示，在日常生活生产中人们如何防治噪声。

【设计意图】

本环节使学生对噪音的危害从自身的生活中得出了真实的感悟，并引起学生对如何减弱噪音的思考。

环节四：演示实验，实践探究。

器材：耳塞

1. 无声手枪。

2. 城市道路旁的隔声板。

3. 工厂用的防噪声耳罩。

【设计意图】

本环节体现了综合实践课的核心，重视学生真实的实践体验，通过实践方式，激发兴趣，引发思考。

环节五：总结提升，展望升华。

1. 课后各小组积极行动起来，细心地去找寻咱学校的噪声源，组内研究并提出合理的防治措施。

2. 总结：这节课的学习，使我知道了噪声污染的危害，防治噪声刻不容缓，我们作为祖国未来的主人，要为创造良好的生活环境而努力，使我们的生活变得更加美好、安宁！

【设计意图】

本环节通过总结升华情感，加强学生们的环境保护意识，并用提出合理防治噪音措施的方式，拓展学生们的思考能力。

第五课时：保护我们的家园

【活动背景】

对同学们来说，环保要从件件小事做起，从自身做起，共同来爱护大家共有的家园——地球，让碧水蓝天常存！当今世界，环境污染、生态失衡现象日趋严重。人类只有一个地球，破坏环境就是毁灭自己生存的家园。树立环保意识是全世界各人民的共同要求，让我们积极行动起来，一同去保护我们的家园！

【活动目标】

1. 初步了解我们身边的生存环境有哪些严重的问题，并思考作为小学生的我们能为环境保护做些什么，积极为保护环境做些力所能及的事情。

2. 通过"保护我们的家园"的实践活动，结合身边实际情况，培养学生的观察探究能力、合作与人交往的能力，资料的搜集、整理能力。

3. 使同学们明确保护环境是我们每个人的责任，从而树立保护环境的思想。

【活动重难点】

活动重点：

1. 让学生了解人与自然的关系。

2. 使每位学生的环保观念落到实处。

活动难点：

1. 使学生从真实事件中了解人类对环境破坏的严重性。

2. 懂得保护环境应当从实际生活出发，从点滴做起。

【活动准备】

教师准备：

1. 课前根据学生的爱好、特长分组。

2. 多媒体课件。

学生准备：

1. 学生对环境保护资料的收集。

2. 动物因生存环境被破坏而导致濒危、死亡的图片和资料。

【活动过程】

环节一：观察体验，课题导入。

课前的观察交流：大家身边的环境和几年前有什么不同？

本环节通过身边环境的对比，引发学生们对环境的思考，加强他们对环境保护刻不容缓的体验。

环节二：小组汇报，加深理解。

1. 学生组内交流这几年周围生活环境的变化，使学生初步意识到环境保护的迫切性，与自身的关联性。

2. 通过观察随着人类生活水平的不断提高对环境的不断破坏，初步了解人类与自然环境的关系。

3. 出示环境污染导致死亡的案例、数字，让学生明白破坏环境会直接威胁自身生活。

4. 出示：动物因生存环境被破坏而导致濒危、死亡的图片或资料。

5. 学生组内交流、思考：人类、动物与自然三者之间的关系。

6. 使学生意识到环境保护的迫切性与必要性。

【设计意图】

通过小组交流，让学生在交流中产生思维的碰撞，引发学生对环保的一步思考，更有效指导学生的实践活动。

环节三：评价反思，真实体悟。

1. 播放破坏环境的纪录片。

2. 引导学生组内交流观后感、体会。

【设计意图】

本环节通过观看录像建立真实的情景，观后感和体会加强学生的情感体验和环保思考。

环节四：分组讨论，总结提升。

1. 作为小学生的我们应该如何去保护我们的赖以生存的环境？

2. 注意观察：我们身边还有哪些污染源？哪些人还在污染环境？我们是否也曾经这样破坏过身边的环境？

【设计意图】

本环节通过思考和观察的方式，产生对身边污染环境行为的批判，并纠正自己的错位行为，强化正确习惯，培养学生从自身做起保护环境的意识。

环节五：拓展延伸、丰富体验。

1. 人类为保护环境都采取了哪些行动？

2. 对于环境保护我国有哪些法律法规？

3. 汇报小记者的调查：在生活中我们对环境有哪些破坏？谈认识和感受。

4. 制订从自身做起的环保措施：学生们从实际生活出发想办法，组内讨论并制订环保措施并实行。

【设计意图】

本环节通过全球环保的角度，拓展学生环保的视野，升华学生共同保护家园、爱护环境的思想。

主题三：关于风筝的研究

现在，人们生活水平提高了，身体素质却越来越差。强身健体引起了人们的重视，尤其是生活在喧闹的城市里，人们更是千方百计地活动、锻炼，亲密地接触大自然，呼吸新鲜空气。说到这里，有一种运动不得不提，这就是放风筝。面朝大海，春暖花开，固然令人神往，在春风习习、阳光明媚、花红草绿的大自然中放风筝，又何尝不是一种享受呢？单从锻炼身体，愉悦心情，享受大自然的恩赐上来说，放风筝正是适合生活节奏快、压力大的现代人的一种休闲方式。结合综合实践活动主题的研究，学生在提名的几个有意义的活动主题中，对风筝情有独钟。追随孩子的兴趣，我们研究了放风筝这一活动主题。孩子们经过一次次体验，知识越学越熟练，经验越积越丰富，体验越来越深刻。

可以从自己的兴趣出发，选择有条件和能力研究的主题。

我确定的主题是：

走进风筝　　　风筝的制作

放风筝　　　　我和风筝

同学们如果对关于风筝的研究的这个课题感兴趣，那就结合自己的经历和生活环境，在与同学、老师协商讨论的基础上，确定你们自己的实践活动主题，组成活动小组开展研究。当然，也可以先建立活动小组，再确定主题。

 活动准备

研究主题一经确定，就需要制订一份研究计划，确保整个研究过程的有序开展，而且为研究过程和结果的评价提供了参考的框架。

 活动实施

研究主题： 关于风筝的研究

研究目标与任务：

请参考这些内容，设计自己的研究方案。

小组成员分工：

活动实施时间：

活动的主要内容及步骤：

通过搜集资料了解风筝的起源和种类；通过参观访问了解风筝的制作方法并亲手制作一个风筝；推销自己的风筝；进行风筝竞赛活动。

活动需要的条件和可能遇到的困难：

在制作风筝时，由于缺乏设计方面的知识，动手能力比较差，所以设计的作品可能比较粗糙……

预期研究成果：

成果表达形式：

……

查阅资料

了解我国风筝的种类，了解风筝的起源和发展。

一般而言，研究的前期工作之一，就是查阅和研究课题相关的资料，而在研究活动的过程中也还需要补充一些相关的资料。资料的查找有多种途径，可以从教师或有关专家那儿得到帮助，也可以直接去图书馆查阅，尤其是在互联网日益发达的今天，可以从网上收集你所要的信息等。

小资料

风筝的种类

板子风筝：就是人们常说的平面形风筝，有竹条支撑。

串式风筝：顾名思义，把几只或同或异的风筝串联起来放飞。

立体风筝：它不同于平面形风筝，骨架是折叠结构的。

龙形风筝：这种风筝以龙头蜈蚣风筝为代表。

软翅风筝：就是我们平时常见的禽鸟风筝。

参观与访问

我国风筝丰富多彩，种类繁多。同学们通过查阅资料，了解了风筝，一定会被它的魅力所折服。想想办法，最好通过自己的努力，联系有关厂家和单位，在老师或家长的陪同下前去参观。

主要应了解：风筝的制作原料？风筝的制作流程和技巧？风筝制作中应注意哪些问题？……访问当地民间艺人和有关单位，就你们所关心和想了解的问题，向他们请教。拜访前一定要准备访谈提纲，并事先做好联系工作。

访谈记录表

访谈主题：

访问者（学生）：

被访问者：

工作单位、职务（职称）、专业（专长）

访问方式：

电话、书面、面对面、其他

> 通过访问、参观，你发现了什么？整理一下通过调查和观察获得的资料，撰写小组的调查报告和参观报告。

访问时间、地点：

访谈问题（提纲）：

访问记录：

……

设计与制作

参观了风筝的制作过程，采访了有关单位和风筝艺人，你一定会产生一种强烈的创作欲望，那就赶紧精心设计，开始制作吧！

小资料

风筝的制作

一、选材

1.骨架用各种竹材制作。

2.蒙面，小型风筝用高强度的纸，大风筝以复合材料为主。

3.风筝的色彩：以蓝蓝的天空为背景色，风筝要鲜艳亮丽、色块大，用自己喜欢的颜色。

二、加工

1.骨架加工

劈竹：截、切、劈、拨。

削竹：加热到一定温度弯曲，冷却定型。

扣楔：打孔，穿孔连接。

活头：套锁活头。

插接：套管插接。

2. 蒙面

（1）取材：材料稍大，留边。

（2）涂胶：尽量少移动。

3. 糊与绘

先糊后绘：先在风筝骨架上糊白纸，然后绘画。

先印再糊，最后填色：先用木板印出黑色条纹，再糊在风筝骨架上，最后填色或勾出线条。

先绘后糊：先蒙蒙面纸，再修饰。

展览与推销

举行一次风筝作品展销会，将自己亲手制作的风筝进行展销。注意要认真布置展台，精心设计推销词，争取把自己制作的风筝作品卖出去。有条件的同学也可以将自己的作品放在网上进行展销。

真实、及时、详细地记录下自己的感受。

设计与宣传

开展一次主题为"爱的奉献"活动，将自己卖风筝所得到的收入，捐给贫困的学生，捐给生活困难的孤寡老人，捐给灾区的人民……让我们人人都献出一点爱，让世界变成美好的人间！

开展一次"我喜爱的风筝"征文比赛活动。要写出自己的真情实感，抒发对祖国传统文化的热爱之情。

展示与交流

1. 展示所收集的有关文字资料和图片资料、制作的风筝。

2. 展示调查记录材料，交流调查过程中的典型事例和感受，汇报调查结果。

3. 小组交流活动后的感受和体验。

4. 交流、展示主题为"我喜爱的风筝"的文学作品。

反思与评价

通过本课题的研究你对我国风筝有什么新的认识？在研究过程中遇到了什么问题和困难？你是如何解决问题、克服困难的？你是否认真参加每一次小组活动，努力完成自己所承担的任务？你能够主动提出研究和工作设想、建议？你能否与同学合作，善于采纳他人意见？你在研究过程中掌握了哪些研究方法？

你对自己在活动中的表现满意吗？老师和同学们是怎么评价你的？

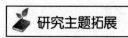 研究主题拓展

我国风筝的种类和开展的活动是多姿多彩的，传承着中华民族宝贵的文化。如何让我国风筝文化得到更好的继承和发展？如何让我们的风筝更好地走向世界？这些问题需要我们继续去探究。

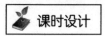 课时设计

第一课时：走进风筝

【活动背景】

中国风筝有着悠久的历史。千百年来，放风筝作为一种民间娱乐活动一直延续至今。放风筝既可以锻炼身体，又可以陶冶性情。"儿童散学归来早，忙趁东风放纸鸢"，春天是放风筝的好季节，让学生放风筝是一件有趣的事情，不仅可以锻炼身体，还可以让学生获得丰富的情感体验，感受到与他人合作的乐趣，收获与人分享的快乐。

【活动目标】

1. 通过查阅图书、上网收集资料等途径，了解风筝的知识，认识风筝对社会生活、文化生活多方面的影响。

2. 通过亲历放风筝的实践活动，培养学生观察、探究的能力及合作意识和团队精神。

3. 通过活动体验，能感受到与他人合作的乐趣，感受到与人分享的快乐。

【活动重难点】

活动重点：指导学生放风筝

活动难点：活动体验后指导产生主题

【活动准备】

教师准备：

1. 课前指导学生分组，提前准备好操作材料。

2. 多媒体课件、视频、风筝的资料、风筝6～8个、多媒体课件、哨子等。

学生准备：了解有关风筝的知识、卡纸、彩笔等。

【活动过程】

环节一：亲切谈话，导入活动。

1. 老师给大家带来了一段视频，想看吗？（播放学生放风筝视频）你看到了什么？

2. 你放过风筝吗？谁来说说你是怎么放风筝的？

板书：风向 逆风；放线 收线

【设计意图】

学生结合自己放风筝的经验畅所欲言，通过师生交流，揭示活动，激发探究兴趣。

环节二：室外体验，放飞风筝。

1. 现在想去放风筝吗？老师已经给大家准备好了，请看抽屉里。

2. 教师组织学生到室外分组放风筝。放风筝的过程中教师加强指导。

【设计意图】

快乐实践，丰富体验。学生在放风筝的过程中，小组合作，共同完成，体现了综合实践活动课程的实践性。

环节三：返回教室，评价交流。

1. 教师组织学生有秩序回到教室。

2. 组内谈感受。（小组长做好总结、汇报、提出问题）

关于风筝，你们肯定还有很多感兴趣的问题，在小组里交流交流，写下来吧！教师巡视指导活动过程中的收获，指导学生提出问题。（每个组三张卡纸，提出问题后贴到黑板上）

【设计意图】

综合实践活动课程的最根本特点就是实践性。学生通过放风筝的活动，有了亲身经历和切身体验，发展了学生的交往能力、沟通能力和解决问题的能力。

环节四：问题归类，产生主题。

1. 问题转化为主题。

你们真是善于思考的好学生，提出了这么多的问题，我们一起来归归类吧。（重复的问题盖住，口语化的转化为主题）

2. 产生主题

学生产生的主题可能有：风筝的起源、风筝的发展、风筝的放飞技巧、风筝的制作、风筝的种类等。

推荐网站：

中国风筝协会网：www.kite.sport.org.cn

潍坊世界风筝博物馆：www.wfkitemuseum.com

环节五：总结内容、揭示课题（配乐）。

同学们，请选择自己感兴趣的主题组成研究小组，课下去探究吧！大家可以通过网站（幻灯片）、采访相关人员等方式进行研究，让我们一起走进风筝的世界！

板书课题：走进风筝

【设计意图】

通过问题的交流，让学生在交流中产生思维的碰撞，引发学生对风筝进一步探究的兴趣，更加有效地指导学生的活动。

第二课时：我来做菱形风筝

【活动背景】

中国风筝有着悠久的历史。风筝文化是中国传统文化的重要组成部分，它既能就地取材、制作方便、容易普及，也可以精细制作，是一项运用数学、美工等知识进行动手、动脑的实践活动。千百年来，放风筝作为一种民间娱乐活动一直延续至今。放风筝既可以锻炼身体，又可以陶冶性情。"儿童散学归来早，忙趁东风放纸鸢"，春天是放风筝的好季节，让学生做风筝并放风筝是一件有趣的事情，可以让学生获得丰富的情感体验，感受到与他人合作的乐趣，收获与人分享的快乐。

【活动目标】

1. 通过搜集和交流有关风筝制作的资料，让学生了解中华民族传统工艺，学习风筝的造型特点及制作方法。

2. 通过亲历制作风筝的实践活动，结合制作风筝，培养学生的观察能力、探究能力、合作能力及与人交往的能力。

3. 通过制作和欣赏风筝的活动体验培养学生良好的审美情趣，感受到与他人合作及与人分享的快乐，培养学生热爱生活、热爱民族文化的感情。

【活动重难点】

活动重点：风筝骨架的轧制

活动难点：学会风筝的制作方法

【活动准备】

教师准备：

1. 课前根据学生的爱好、特长分组并提前准备好相关材料。

2. 多媒体课件、视频、做好的6个风筝、风筝的制作材料等。

学生准备：

了解有关风筝制作的知识；准备剪刀、水粉等工具；学会使用针线。

【活动过程】

环节一：亲切谈话，导入活动。

1. 老师给大家带来了一段视频，咱们一起来欣赏一下（背景音乐《三月三》）。（播放学生放风筝视频）说一说你看到了什么？

2. 你们是不是想起了自己放风筝时的场景？你放过什么形状的风筝？大家都放过风筝，哪些同学做过风筝呢？大家想不想自己制作一个风筝，把它放上蓝天呢？风筝的种类很多，形状也很多，今天这节课我们就来做菱形风筝。

板书课题：我来做菱形风筝

【设计意图】

教师创设温馨的情境，通过与学生的亲切谈话，让学生结合自己放风筝的经验畅所欲言，学生体验到放风筝的乐趣，为做风筝起到了很好的铺垫作用。通过师生交流，揭示活动，激发探究兴趣。

环节二：充分交流，掌握方法。

1. 观察风筝，探究方法。

师举一个风筝：像这样的风筝就是菱形风筝。菱形风筝怎么做呢？

老师给每个组准备了一个菱形风筝，同学们可以看一看、摸一摸。根据你的理解和观察，带着以下问题在小组内讨论。（课件出示）

（1）菱形风筝由哪几部分组成？

（2）制作菱形风筝的步骤有哪些？

2. 汇报：

（1）组成：骨架、风筝面、尾巴、提线（课件）

（2）制作步骤：扎骨架、糊风筝面、贴尾巴、系提线（板书）

制作风筝时注意什么呢？

（师生共同总结得出，结合课件明确步骤）

扎骨架：骨架要对称，交叉绑结实。

（为什么长的竹篾一定要绑在短竹篾的正中？偏一点儿行吗？）

糊风筝面：要平整，材料轻，容易起飞。

（为什么要选用无纺布等薄的材料？厚纸行吗？）

贴尾巴：尾巴要保持平衡

（为什么要剪长纸条粘在风筝下端？）

绑提线：位置要恰当（一线式，绑在重心即可）

【设计意图】

此环节的出现是本节课的基础，通过观察，学生探究的兴趣越来越浓，采取看一看、摸一摸的方式让学生对风筝有了进一步的认识引导学生在快乐的玩儿中发现与风筝相关的问题。学生在分析的过程中加深了理解，同时明确做风筝的方法。

环节三：小组合作，制作风筝。

（课件播放歌曲《三月三》及菱形风筝的图片）

刚才大家总结了制作菱形的步骤和方法，是不是可行呢？下面大家来尝试着做一个菱形风筝，好不好？老师给每个组准备了材料。

（课件出示：无纺布、棉线、竹篾子、工具刀、乳胶等）

大家肯定迫不及待地想做风筝了，请看温馨提示。（课件出示提示）

1. 使用制作工具要注意安全。

2. 小组合作完成，注意合理分工。

3. 给本组的风筝取个响亮的名字。

4. 进行美化装饰。在制作的过程中教师巡视指导。

【设计意图】

学生通过制作风筝的活动，有了亲身经历和切身体验，发展了学生的交往能力、沟通能力和解决问题的能力。以小组为单位来制作风筝，不仅让学生体验到合作的乐趣，而且可以提高效率，让学生在愉快的环境中互相协作解决问题，并且体验完成作品的自豪心理。这一环节由学生自己想办法制作，在合作过程中加强了学生的合作意识及动手操作的能力。

环节四：汇报交流，展示评价。

各组依次展示本组制作的风筝并作介绍，畅谈做风筝的收获与感想，其余同学评价。交流围绕风筝的制作要领、感受、体会、合作及克服的困难等。

【设计意图】

通过问题的交流，让学生在交流中产生思维的碰撞，引发学生对风筝进一步探究的兴趣，更加有效地指导学生的活动。

环节五：总结提升，课下完善。

这节课各组同学齐心协力，分工合作，用灵巧的双手制作了精美的风筝，我们制作的风筝能不能顺利飞上蓝天呢？还要在实践中进行检验，课下请大家把自己制作的风筝进行试飞，相信我们制作的风筝一定能飞上蓝天。

【设计意图】

本环节体现了教师的指导作用，引发学生继续探究的兴趣，保持活动的持续进行。课下进行试飞活动既能让学生体会到制作风筝这个活动的完整性，又能引导学生课下积极参与到活动中，为制作风筝活动的顺利完成奠定了基础。

第三课时：放风筝的竞赛活动

【活动背景】

放风筝是民间传统艺术之一，每逢春季来临，草长莺飞，总能看见不少人放风筝。放风筝可消除眼睛疲劳，改善视力、预防近视。因为要同时动用身体各个部位，如手、腕、肘、臂、腰、腿、足等，使全身都能够得到锻炼，比如当风筝上升倾斜时，就需要奔跑拉线、左右摆动等一系列活动。因此，放风筝是一种极佳的养生之道。

【活动目标】

1. 通过本节课教学激发学生放风筝的兴趣。

2. 通过竞赛活动，让学生初步尝试放风筝的乐趣，体验成功的快乐。

3. 培养学生的合作意识、创新能力和动手实践能力。

【活动重难点】

教师准备：课件、风筝

学生准备：自制风筝

【活动准备】

教师准备：课件、风筝

学生准备：自制风筝

【活动过程】

环节一：激发兴趣，练习展示。

同学们，大家对于放风筝这项活动非常喜欢，课下大家也对本组的风筝进行了进一步的完善和加工，今天这节课我们就来进行一次放风筝的竞赛活动。（室外）

1. 请大家按事先分好的组自由练习。

2. 全班以组为单位开展竞赛活动。

竞赛要求：风筝制作漂亮、细致，会用学过的放飞技巧，小组成员合作默契，风筝飞得又稳又高。

各组轮流竞赛：出示并宣读完竞赛要求，学生一组一组地展示。

【设计意图】

发挥小组合作的优势，互帮互助给学生充分实践的时间，在实践中发现问题、解决问题，加强了学生的合作意识及动手放风筝的实践能力。练习时教师对部分难点进行点拨，帮助学生熟练掌握放风筝的技巧，为后面的比赛做好准备。

环节二：总结评比，提升认识。

1. 全体学生回到教室，在组内交流竞赛体会。

重点说一下放风筝的过程中存在什么问题，是怎样解决的？还有什么问题没解决？放飞成功的介绍一下经验。

2. 各组选代表发言，交流竞赛体会。

3. 评出最好的作品，并让学生介绍经验。

【设计意图】

看着容易做着难。放风筝是一项技巧性很高的运动，受风向、风力、场地、牵引力等诸多因素的影响，除了外在因素外，技巧这一项也是不容忽视的，即使对放风筝技巧烂熟于胸，如果没有足够的练习也是不可能成功的。因此，通过这一环节的设计，发挥评价的指导功能，引导学生反思自己的实践活动。让学生自由发言，说出自己遇到的问题以及解决方法，互教互学，使学生更熟练地放飞风筝。

环节三：拓展延伸，继续研究。

回到教室，布置下一步的任务：关于风筝的研究还有很多很多，这个活动在课上虽然结束了，但大家课下可以继续研究，利用课下的时间制作出更好更精美的风筝作品，下节课继续探究如何使风筝飞得更高。

【设计意图】

综合实践活动的实施不应仅仅局限在课堂中进行，要引导学生向校外延伸。尤其是这种实践性的内容，更应该让学生多观察、多思考、多动手，将所看、所想付诸实践，不断改进，不断提高，不断创新。

第四课时：我与风筝

【活动背景】

随着风筝这一实践活动的不断展开，学生的认识和体验不断深化，学生就是在不断地总结、反思中逐渐提高与成长的。为了让学生的认识逐渐成熟和完善，设计了一些活动反思和交流卡。并进一步让学生将所观所感所悟付之于笔端，使认识上升到一个新层面，创造性的火花不断迸发。

【活动目标】

1. 进一步使学生熟练掌握制作风筝的方法和放风筝的技巧。

2. 结合前面的自评与他评，使所学知识得到升华。

3. 培养学生及时总结反思的好习惯。

【活动重难点】

活动重点：让学生对所学内容进行梳理。

活动难点：将认识不断提高升华。

【活动准备】

教师准备：课件、交流卡

学生准备：体验放风筝

【活动过程】

环节一：总结回顾，梳理知识。

请同学们实事求是地填写下面的交流卡：

《风筝》的活动反思和交流卡

1. 通过对风筝的研究和学习，我知道了有关风筝的知识＿＿＿＿＿＿

＿＿＿＿＿＿＿＿＿＿＿＿＿＿＿＿＿＿＿＿＿＿＿＿＿＿＿＿＿＿＿＿。

2. 做风筝中，我感激＿＿＿＿＿（谁），因为＿＿＿＿＿＿＿＿＿＿＿；

我还感激＿＿＿＿＿（谁），因为＿＿＿＿＿＿＿＿＿＿＿＿＿＿＿＿。

3. 我最喜欢的是＿＿＿＿＿（谁）的＿＿＿＿＿＿风筝；因为＿＿＿＿＿＿

＿＿＿＿＿＿＿＿＿＿＿＿＿＿＿＿＿＿＿＿＿＿＿＿＿＿＿＿＿＿＿＿；

我还喜欢的是＿＿＿＿＿（谁）的＿＿＿＿＿＿风筝，因为 ＿＿＿＿＿＿＿

＿＿＿＿＿＿＿＿＿＿＿＿＿＿＿＿＿＿＿＿＿＿＿＿＿＿＿＿＿＿＿＿；

4. 我希望下节综合实践活动课_____

_____。

【设计意图】

学生在学习过程中，都会或多或少的有一些认识或感触，通过写，让学生将零散的认识重新梳理，这期间就是一个不断地将场景再现深化的过程。

环节二：提炼文字，抒发感情。

请学生通过这段时间的学习，将自己对风筝的认识写出来，可以是做风筝或放风筝的感受，可以是怎样做风筝，也可以是受到的启示……

附：学生撰写的制作风筝、放风筝的日记片段。

片段一：今天，我和同学们拿着我们自己制作的风筝，来到了操场。这只风筝是我们辛辛苦苦合作完成的，它到底能不能飞上天呢？同学们在一边小声地猜测议论着，使我们原本忐忑的心更加紧张不安。按照事先所学，选好地点，测试好风向，便开始放飞了！我在心里默默祈祷。然而事情并没有因为我的祈祷而如愿，我们制作的风筝不但没有飞起来，而且一头栽地，我们精心绘制的漂亮的画都破了！不免小小的失望，但很快我们又振作起来，仔细观察其他同学放飞着或买或做的五颜六色、形态各异的风筝，暗暗下定决心，我们的风筝一定会飞起来的！

片段二：在阳光明媚的春天里，我奔跑在碧绿的草地上，边跑边不时地仰望蔚蓝的天空下高高飘扬的我自己做的风筝，这是我很早以前就有的愿望。现在终于要把这个愿望变成现实，别提我多高兴了！老师刚教完，我就迫不及待地动手做起来。我先用四份竹子围成一个菱形，用毛线把交叉点扎好，然后把白纸小心地贴在围成的菱形上，最后用一条布扎在尾翼上。这个风筝虽然还存在着不少缺点，但这是我用汗水换来的成果！我喜欢我制作的风筝！

片段三：同学们放飞着蕴涵自己"心血""汗水""劳动成果"的风筝，兴致特别高，不断地跑来跑去，你放、我看，他放我评，每个人脸上都洋溢着愉悦的笑容。

整个活动热情高涨，从学生们的日记汇总就可以看出。

【设计意图】

将感受写下来，是语言再加工的过程，是场景再现的过程。学生通过回顾并重新系统地梳理活动过程，组织语言描述，重新感受其中的美好，使心情愉悦，加之有了思考的过程，感觉更深刻，更清晰。

主题四：早餐与健康

　　良好的早餐行为，不仅利于少年儿童的健康，而且对成年后一些慢性病的预防也起着重要作用。科学合理的早餐使学生有充沛的精力迎接新一天的学习，相反，胡吃乱吃、不吃早餐则会对青少年儿童的身心造成不可弥补的损害。针对早餐对小学生的重要性，我们应大力提倡科学合理的营养早餐，培养青少年儿童良好的早餐饮食习惯，建立终生的良好早餐行为，使小学生拥有一个健康的体魄。

我确定的主题是：

早餐
与
健康

- ⚙ 设计合理的早餐活动方案
- ⚙ 早餐情况调查研究
- ⚙ 早餐的重要性
- ⚙ 培养良好的早餐习惯
- ⚙ 不吃早餐危害大

　　同学们如果对早餐与健康这个课题感兴趣，那就结合自己的经历和生活环境，在与同学、老师协商讨论的基础上，确定你们自己的实践活动主题，组成活动小组开展研究。

活动准备

　　研究主题一经确定，就需要制订一份研究计划，确保整个研究过程的有序开展，而且为研究过程和结果的评价提供了参考的框架。

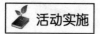 **活动实施**

　　研究主题：学生早餐状况调查
　　研究任务：
　　小组成员分工：
　　活动时间安排：
　　活动主要内容及步骤：

　　通过参观访问、实际调查，了解学生早餐的实际状况；通过搜集资料，了解营养早餐的搭配方法；做一次小小营养师，亲自搭配合理营养的早餐，并向学校推荐宣传。

　　研究所需的条件和可能遇到的困难：
　　预期研究成果：
　　调查报告、设计方案
　　……

> 在这个过程中，每个小组成员都应该自由积极地表达自己的想法，进行充分的讨论、协商，集思广益。

> 请参考这些内容，设计自己的研究方案。

　　查阅资料

　　通过多种途径，了解学生早餐的实际状况和学生早餐存在的问题，解决学生早餐存在问题及所采取的措施。

　　一般而言，研究的前期工作之一，是查阅和研究课题相关的资料，而在研究活动的过程中也还需要补充一些相关的资料。资料的查找有多种途径，可以从教师或有关专家那儿得到帮助，也可以直接去图书馆查阅，或从网上收集你所要的信息等。

小资料

你是怎样查找资料的？把你的资料与同学一起分享吧！

早餐，又叫早点、过早、早饭，是指在早上享用的餐，通常是广义上可以理解为睡醒后的第一餐，是一天当中最重要的一餐。

从中医养生角度讲，早上要补阳气，早餐要以谷类食物为主，可以加牛奶、粥等，当然，不管是哪一类人，早餐都不提议吃腌的食物，因为腌的食物中可能存在着危险的物质——亚多巴胺，会导致一些食道、肝的疾病。

小资料

早餐不吃伤什么器官

在我们的日常生活中，有很多的人是不吃早餐的，但是他们并不知道不吃早餐的危害有很多。早餐不吃伤什么器官呢？不吃早餐的危害是什么？早餐吃什么好？

早餐不吃伤什么器官？

1. 心脏

如果人们长期不吃早餐的话，就会导致体内的血液循环减慢，这样就很容易会出现低血糖和低血压的情况，这样就会导致我们的心脏负担加重，慢慢地就会产生缺氧以及缺血的情况，从而引发一些心脏上的疾病。

2. 伤胆

人们睡着之后，消化系统也在正常地进行运作的，尤其是在床上刚起来的时候，消化系统的运作比较快速，因此，如果人们这个时候不吃早餐的话，就会导致体内的胆汁在胆囊内停留的时间过长，从而导致出现胆结石的情况。

3.伤肠胃

肠胃是我们人体最重要的消化器官，人们吃进去的东西都会在我们的肠胃里面进行消化和吸收，如果长期不吃早餐的话，在吃午餐的时候就会加大饭量，增加我们的肠胃负担，这样长期下来，我们的肠胃就经受不起太大的负荷，从而出现各种疾病。

不吃早餐的危害

1.易患胆结石

有研究表明，女性胆石症患者年龄在20岁-35岁之间，约80%-90%有经常不吃早餐的经历。如果经常不吃早餐，患胆结石的风险就会大大增加。

2.易发心梗

不吃早餐也容易诱发心肌梗死，心血管疾病的专家曾呼吁，早餐不吃，胃内没有食物，这会导致更多的B型血栓球蛋白在血液形成，它们会使血液凝固，让人容易患上心梗。

3.影响寿命

大自然有大自然的规律，人体也有人体的生物钟，这些平衡最好不要强行打破。健康没有得到及时的补充，就会减退生理机能，再加之不吃早餐的患病风险，都会影响健康长寿。

长寿也是靠人体的生物钟来支配的，例如不吃早餐就会使生物钟的正常运转打乱，营养没有得到及时的补充，就会减退生理机能，再加之不吃早餐的患病风险，会影响健康。

4.长胖

很多减肥的人都认为少吃一顿就能少摄入一些卡路里，早餐最容易被减肥的人直接忽略掉，但是早餐真的很重要！早餐不吃，势必导致中、晚餐会摄入很多的食物，特别是在晚上，吃完饭不久之后就要睡觉，身体消化吸收来不及，时间一久，人还是会长胖的，因为热能过剩特别容易堆积脂肪，催人发胖。

参考网址：

https://baike.baidu.com/search/none?word

https://baike.baidu.com/item

http://gnyx.blog.hexun.com/99273109_d.html

参观与访问

学生早餐是怎样合理搭配的？怎样全方位地了解学生早餐状况？想想办法，联系到相应的学校进行参观访问。注意参观前一定要想好问题，参观过程中注意观察和思考。

除了参观，我们还可以采访居民区、学校营养师、厨师，向他们了解早餐给学生生活带来怎样的影响，目前学生早餐中还存在哪些问题。

注意拜访前一定要准备访谈提纲，并事先做好联系工作。

别忘了把参观过程中看到的、听到的、感受到的具体细节记录下来呀！

实地调查

要想准确了解学生早餐问题，还需要自己亲自实地体验一下。到早餐存在问题的地方去实际感受和观察一下，分析产生问题的原因，尝试提出解决问题的建议。

学生调查表：

关于吃早餐情况的调查表

班级_____　　　姓名_____　　　____年____月____日

吃早餐情况	经常吃	偶尔吃	不吃
吃早餐的时间			
吃早餐的地点			
吃什么食物			
不吃早餐概率	多	偶尔	少
不吃早餐的原因			
不吃早餐的感觉			

设计与宣传

看过这么多有关食物营养的资料，你一定也想自己动手设计一款合理的、有营养的学生早餐吧，那就赶紧设计一款，并把你的设计方案向同学们宣传推荐吧。

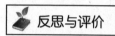 **展示与交流**

1. 展示所收集的有关文字资料和图片资料。

2. 展示调查记录材料，交流调查过程中的典型事例和感受，汇报调查结果。

3. 小组交流活动后的感受和体验。

 **反思与评价**

通过本课题的研究你对科学早餐有什么新的认识？在研究过程中遇到了什么问题和困难？你是否认真参加每一次小组活动，努力完成自己所承担的任务？你能够主动提出研究和工作设想、建议？你能否与同学合作，善于采纳他人意见？你在研究过程中掌握了哪些研究方法？

你对自己在活动中的表现满意吗？老师和同学们是怎么评价你的？

 **研究主题拓展**

除了以上主题，我们还可以研究日常饮食与健康的关系；怎样科学合理的安排日常三餐……这些问题需要我们继续去探究。

课时设计

第一课时：活动方案我设计

【活动背景】

小学生处于长身体的关键时期，每天要到学校学习知识，这就需要我们有一顿营养合理的早餐，保证活力充沛。为了能让孩子了解早餐，吃好早餐，我们决定和孩子们一起展开调查，把"早餐与健康"作为综合实践活动的研究课题。目的是通过学生研究早餐，让学生重视早餐问题，通过实际调查、采访、制作等活动，了解早餐与健康的关系，纠正不健康的早餐习惯。

【活动目标】

1. 调查探究有关早餐与健康的相关知识，使学生懂得合理安排早餐，保证身体健康成长。

2. 培养学生进行方案设计规划的能力、探究能力、调查能力。

3. 体验设计、合作的快乐，培养学生吃早餐的良好习惯。

【活动重难点】

活动重点：通过探究性学习，了解早餐与健康的关系，设计合理的活动方案。

活动难点：了解掌握合理搭配早餐的原则。

【活动准备】

教师准备：多媒体课件。

学生准备：调查早餐中常吃的食物的营养成分、计划表、搜集的资料。

【活动过程】

环节一：创设情境，导入活动。

周一的升国旗仪式上，有位四年级的同学晕倒了，后来调查得知，这位同学没有吃早饭导致血糖过低而晕倒，对此大家有何看法？学生自由讨论分组。

【设计意图】

通过创设情境，用一个真实的事例，激发了学生探究新知的欲望。

环节二：分工合作，共同研究。

分组确定研究内容。

1. 学生分组，各组选出一个组长。

2. 组长把自己一组同学想研究的问题进行归类，整理。

3. 各组进行交流，比较均匀地分布任务。

结果如下：

第一组：调查本校学生吃早餐的情况。

第二组：研究不吃早餐对生长发育的影响。

第三组：研究不吃早餐对学习的影响。

第四组：合理的早餐是怎样的？

第五组：怎样才能做到吃好早餐？

根据自己选取的内容收集资料。

【设计意图】

通过这种安排，让学生在小组中交流合作，在小组中探讨，教师只是组织者引导者，真正体现了以学生为主体，使学生成为学习的主人。

环节三：确定方案，共同设计。

我们在做事之前应该有一个计划，预先设计好活动方案不仅能明确活动目标，还能保证活动的有效进行。现在就请同学们来制订活动方案吧！

学生活动：各小组讨论制订活动方案。

【设计意图】

通过活动方案的设计，为下一步活动做好规划，使这个活动有计划地开展，以达到活动目的。

第二课时：早餐情况我调查

【活动背景】

因为早上贪睡、起床晚等种种原因，有的学生不能坚持吃早餐，更有早餐吃得不合理。学生的早餐存在哪些问题？如何解决存在的问题？这需要我们进行深入的调查和研究。

【活动目标】

1. 通过活动，提高学生发现问题、研究问题、解决问题的综合能力，并以此了解到吃早餐对学习和健康的重要作用。

2. 培养学生的探究能力，调查能力，分析调查中获取信息的能力。

3. 引导学生树立爱劳动、爱生活、爱护自己身体、尊重他人劳动成果的良好品质。

4. 在活动中感受合作和交流的乐趣，使学生学会沟通、学会分享。

【活动重难点】

活动重点：通过了解早餐与健康的关系，掌握合理的早餐搭配的方法。

活动难点：了解掌握合理搭配早餐的原则。

【活动准备】

教师准备：多媒体课件

学生准备：调查表、问卷表

【活动过程】

环节一：谈话与导入。

同学们，你能说说今天的早餐吃了什么？

俗话说"一年之计在于春，一日之计在于晨"。优质足量的早餐能给我们提供充足的能量，使我们有充沛的精力迎接一天的学习、工作。尤其咱们同学正处于生长发育时期，不吃早餐，会影响你的生长发育和学习能力，所以吃早餐是非常重要的。我们设计了活动方案，大家要对这个问题进行调查研究。

【设计意图】

从学生的实际出发，更容易点燃他们的研究热情。

环节二：问题与思考。

关于早餐，你想了解什么？请大家讨论一下，把问题记录下来。

学生活动：分小组讨论交流自己的看法和问题。

课堂预设：

1. 有的同学经常不吃早餐，这样对身体、学习有哪些影响？

2. 同学们吃什么样的早餐？

3. 怎么搭配出营养丰富的早餐？

同学们发现的这些问题都非常的有价值，那么接下来我们就针对这几个问题来深入调查研究吧！

各个小组汇报问题的过程中教师引导学生进行小组自评和互评。

【设计意图】

学会在生活中发现问题，解决问题的能力。

环节三：实践与探究。

同学们吃不吃早餐？吃什么样的早餐？为了调查这些问题，我们可以通过家长访谈或学生问卷等方式，从活动中得出结论。

学生活动：各小组推举一名同学汇报要调查的问题。

课堂预设：采访家长

1. 您的孩子早餐经常吃什么？

2. 您觉得不吃早餐的危害是什么？

3. 很多小学生在地摊或路上吃早餐，您知道这样做有什么危害吗？

4. 您知道早餐为什么重要吗？

5. 您觉得孩子怎样吃早餐才科学？

6. 吃早餐方面，您想培养孩子哪些好的习惯？

学生问卷

老师之前也安排了一些学生在学校做了一份调查问卷，让这些同学也来汇报一下吧，请同学们认真倾听。（课件展示调查问卷）引导学生根据调查报告，搜集一些有用的资料。

【设计意图】

让学生养成做事情要先有计划的习惯。通过聆听别人的合理化建议，弥补自己的不足，从而完善自己的设计方案。

环节四：总结与延伸。

同学们，经过我们的调查，调查结果不容乐观，在我们当中，小学生不吃早餐和吃不卫生的早餐的现象非常严重，如此下去，不仅会影响我们的健康，更会影响我们的学习。所以一定要吃早餐，吃放心早餐。

板书：　　　　　　早餐情况我调查

　　　发现问题——制订方案——采访——问卷

附学生调查表：

上街采访记者小组问卷调查表

请根据自己的实际情况填写：

1、如果你早上忙，会不吃早餐吗？

会（　　）　　有时候会（　　）　　从来不会（　　）

2、你会不会忽视你孩子的早餐？

会（　　）　　有时候会（　　）　　从来不会（　　）

3、你知道不吃早餐有什么危害吗？

知道（　　）　　不知道（　　）

4、如果早上时间不多，你、你的孩子会用早餐吗？

会（　） 有时候会（　） 从来不会（　）

5、你、你的孩子会不会在路上吃早餐呢？

会（　） 有时候会（　） 从来不会（　）

6、三餐中你把早餐放在第几位？

第一位（　） 第二位（　） 第三位（　）

7、今天的早餐如果有剩余，你明天还会食用吗？

会（　） 不会（　）

8、夜宵能否代替早餐？

可以（　） 不可以（　）

9、你一般怎样搭配早餐？请写出你一般的早餐搭配。

记者小组调查学生问卷表

1、以一星期为例，你大概几天不吃早餐？

一天（　） 两天（　） 三天（　） 四天（　）

2、早餐你一般吃几种食物？

一种（　） 两种（　） 三种（　） 四种（　）

3、早餐你一般吃什么？

粉、面（　） 包子（　） 面包（　） 豆浆（　） 油条（　）

4、你一般在哪里吃早餐？

家里（　） 路上（　） 餐馆（　） 其他（　）

5、你的早餐是你父母帮你做还是给钱让你自己买？

家长做（　） 自己买（　） 其他（　）

6、你认为课间餐可以代替早餐吗？

可以（　） 不可以（　） 不清楚（　）

第三课时：调查结果我汇报

【活动背景】

对学生早餐情况做了调查研究，汇报交流研究中发现的问题，为下一步活动做好准备。通过汇报交流调查结果，使学生明白早餐对人体健康的重要性。在活动中感受合作和交流的乐趣，使学生学会沟通、学会分享。

【活动目标】

1. 通过汇报交流调查结果，使学生明白早餐对人体健康的重要性。

2. 在活动中感受合作和交流的乐趣，使学生学会沟通、学会分享。

【活动重难点】

活动重点：交流汇报

活动难点：抓住调查结果的重点汇报

【活动准备】

教师准备：多媒体课件。

学生准备：搜集的有关早餐的知识、调查表、问卷表。

【活动过程】

环节一：谈话导入新课。

同学们在组长的带领下对早餐的情况进行了调查、研究，并收集好资料，今天我们来交流汇报我们的调查结果。

各组谈话交流

各组汇报调查研究的结果。

教师了解各组的调查情况，指导学生完成问卷的整理。

环节二：小组交流汇报

同学们调查得都很全面，从这些调查报告中你们发现了什么现象？

学生活动：讨论交流并汇报。

在小组汇报过程中引导学生学会倾听，其他小组给予一定的补充和评价。

第一组：我们一组设计了表格调查学生吃早餐的情况。

通过调查：我们发现我校大部分同学是吃早餐的。从吃的食物来看，多是稀饭或馒头等，有三分之一的人天天喝牛奶。总体来说，营养不够均衡。不吃早餐的有二十几位，原因是睡懒觉，有的是把父母给的吃早饭的钱挪作他用了。不吃早餐上午的感觉为：肚子咕咕叫、注意力不集中、头昏和心慌……

第二组：我们调查发现：长期不吃早餐严重影响身体营养摄入，损害人们特别是中小学生认知能力、创造能力的培育、发挥，阻碍身体耐力的发育、保持，不吃早餐也直接导致了近几年我国中小学生肥胖率的提高。此外，不吃早餐还会诱发胆结石、胃炎、贫血等多种疾病。

第三组：我们通过上网找到了答案，我们还把答案编成小品，让大家一目了然。（饥饿、困倦、眩晕；注意力不集中，反应慢，记忆力差。）

第四组：我们主要上网查了怎样合理地吃早餐，吃些什么比较好。我们把这些知识做成课件，让大家牢记这些生活知识。

（根据营养均衡的要求，营养专家把食物分为4类，即谷类、肉类、奶及奶制品和蔬菜水果类。吃这4类食物，则为早餐充足；食用了其中的3类，则早餐质量较好；如果只选择了其中的两类或两类以下，早餐质量则较差。）

第五组：我们组通过讨论认为，要做到以下几条才能吃好早餐。

1. 要做到生活有规律，早睡早起。

2. 不吃小摊上的食物，有良好的饮食卫生习惯。

3. 不挑食，早餐多样化。

【设计意图】

在合作探究活动中，学生与学习伙伴交流分享自己的体验和想法，既有成功的喜悦，又激发思维活动，培养了探索精神和合作学习的习惯。

环节三：课堂总结延伸。

今天每个小组交流了对早餐与健康问题的调查研究情况，同学们对这个问题探讨的比较细致，能做到抓住调查结果的重点汇报。我们通过交流获得的知识，要运用到实际生活中去，指导我们的生活。

第四课时：日常早餐我设计

【活动背景】

针对早餐对我们小学生的重要性，我们应改变传统的早餐观念，大力提倡科学合理的营养早餐，普及营养知识，培养青少年儿童良好的早餐饮食习惯，建立终生的良好早餐行为，使我们拥有一个健康的体魄，这样才能更好地学习。所以，提出研究早餐的学问，探讨早餐营养的搭配问题，学习设计科学合理的营养早餐，具有现实意义。

【活动目标】

1. 认识各种各样的早餐食物，知道它的营养成分与作用。

2. 了解早餐的营养搭配方法，提高学生爱护身体健康的意识。

3. 学习早餐的制作方法，提高学生的观察能力和生活自理能力。

4. 有目的地、具体地了解早餐提供给人体的能量和其他营养，知道小学生早餐与健康的重要性。

在活动中感受合作和交流的乐趣，使学生学会沟通，学会分享。

【活动重难点】

活动重点：学会设计科学合理的营养早餐。

活动难点：合理膳食的原则。

【活动准备】

教师准备：多媒体课件。

学生准备：搜集有关早餐的知识、小学生早餐食谱。

【活动过程】

环节一：导入新课。

通过调查，我们知道了早餐对我们的健康非常重要。早餐既能提供热能，又能活跃大脑。什么样的早餐才是营养的早餐呢？（展示课件：早餐营养食品搭配图）

学生活动：仔细观察

你能说说每种早餐是如何搭配的吗？这样搭配有什么好处？（板书课题）

【设计意图】

通过交流让学生发表自己的看法，为学生了解营养搭配做好准备。

环节二：实践探究。

1. 营养师的话。

今天，你吃了什么早餐？能说说你是怎样搭配的吗？

学生活动：学生积极回答，其他同学对他的早餐情况给予评价，指出其中不合理的部分，提出意见和建议。

同学们提出的建议真是太好了！早餐的食物非常多，到底食物都有哪些营养呢？

展示课件

常见的早餐食品主要营养成分表

教师需指出蛋白质、脂肪和碳水化合物是构成早餐的基本成分。

学习指导语：怎样吃早餐更科学呢？老师从营养师那里讨教了几招，我们一起看看吧！（课件展示知识窗）

学生活动：学生交流各自学习收获，在交流中，师生、生生之间互相合作，互相碰撞，不断产生出创新的火花。

学习小结：其实这些知识都是专家对发生在我们身边日常生活的总结，是理论性的概括。

【设计意图】

在合作探究活动中，学生与学习伙伴交流分享自己的体验和想法，既有成功的喜悦，又激发思维活动，培养了探索精神和合作学习的习惯。

2. 设计早餐食谱。

通过参与前面的活动，我们已经认识到了早餐的重要性，而且知道了吃什么样的早餐更有营养。下面，就让我们亲自动手，设计一周的早餐食谱吧。

学生活动：分组交流，填写早餐食谱表。

同学们设计的都非常好，下面我们来看一下小亮同学设计的早餐食谱。（出示课件 展示一周食谱）

学生活动：向大家推荐一周的营养早餐食谱。同学之间互相评价完善。

学习小结：看着大家这么认真，我想你们一定可以做出满意的早餐。

【设计意图】

培养学生解决问题的能力，并让学生在亲身体验中感受设计食谱的快乐。

环节三：课堂总结。

今天我们了解了早餐与健康的关系，掌握了合理的早餐搭配。课下，同学们可以把课上所学告诉我们的家人，利用掌握的关于营养方面的知识，建议爸爸妈妈科学安排你的早餐。

【设计意图】

鼓励学生把课上所学进行传播，以便在生活中得以应用。

板 书：　　　　　　　　日常早餐我设计

　　　　　　合理膳食　　　均衡营养

第五课时：营养早餐我来做

【活动背景】

了解了早餐对我们小学生的重要性，我们要学会科学合理地进食营养早餐，掌握营养知识，培养青少年儿童良好的早餐饮食习惯，建立终生的良好早餐行为，每天都准备丰富的早餐，使我们小学生拥有一个健康的体魄，保障一天正常的学习。　所以，探讨早餐营养的搭配问题，学会制作科学合理的营养早餐，有很大的必要性。

【活动目标】

1. 制作各种各样的早餐食物，掌握制作方法。

2. 学习早餐的制作方法，提高学生的观察能力和生活自理能力。

3. 在活动中感受合作和交流的乐趣，使学生学会沟通、学会分享。

【活动重难点】

活动重点：学会制作科学合理的营养早餐的方法

活动难点：合理膳食的原则

【活动准备】

教师准备：多媒体课件。

学生准备：各种制作早点的材料

【活动过程】

环节一：情景与导入。

上节课，我们知道了食物的营养成分，掌握了一些制作早餐食谱的方法，回家之后，你都做了什么早餐，能给我们说一说吗？（板书：营养早餐我来做）

学生活动：学生积极发言，勇敢地说出自己的想法。

【设计意图】

引领学生各抒己见，激发学生的兴趣，从而导入新课。

环节二：实践与探究。

1. 根据食物，设计食谱。

今天，有不少同学带来了自己做的早餐，现在我们就让同学们说说他们是怎么做的。

学生活动：交流自己的制作方法。

看来有不少同学做的早餐有不合理的地方，那如果再给你一次机会，利用我们现有的食物，你能设计出最营养的早餐吗？

学生活动：利用桌上大家带来的早餐，四人小组合作把早餐进行重新搭配，看哪些小组的早餐搭配的最营养。

【设计意图】

让学生亲身体验如何合理搭配早餐。在这些实践的活动中发现并解决问题、体验和感受生活，发展学生的实践能力和创新精神。

2. 我来做早餐。

现在我们就来做一份可口的三明治。（出示课件）

学生活动：学生自由组合，分小组根据课件所展示的方法制作三明治。

【设计意图】

综合实践活动课要求尊重学生的兴趣和爱好，注重发挥学生的自主性，自己决定劳动成果的呈现形式，将自主权放给学生。

环节三：总结与交流。

通过对早餐与健康的研究，你一定有很多收获和感受，让我们共同交流，把你的想法和大家一块来分享吧！

课堂预设：

1. 我知道了早餐对身体健康很重要。

2. 以后我要养成吃早餐的好习惯。

3. 我学会了自己制作营养早餐。

学生活动：学生讨论交流，各抒己见。

听了同学们汇报的各种认识和感受，你有什么感想？你有需要补充的吗？说说自己的想法吧！互动交流。

环节四：拓展与探究。

通过此次实践活动，希望大家能明白早餐与健康的重要性，提高爱护身体的意识，养成良好的饮食习惯，健康成长。你还想研究哪些问题？

课堂预设：

1. 午餐和晚餐怎样吃更健康呢？

2. 当地的早餐店都在经营哪些食品？它们卫生健康吗？

教师小结：同学们对身边的各种生活现象要积极观察，善于思考，勤于动手，才能使我们的生活更美好。

【设计意图】

课堂的结束并不意味着问题的结束，而应是更多问题的开始。课上的时间毕竟有限，学生在活动中积累了大量的问题，可以留到课下继续研究。

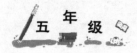

主题一：剪纸艺术的研究

剪纸是我国传统文化，具有悠久的历史。2009 年 9 月中国剪纸正式入选联合国教科文组织《人类非物质文化遗产代表作名录》。

中国的剪纸艺术对皮影、刺绣、彩灯等艺术形式都有深远的影响，被称为"民间艺术之母"。

济南市正式把剪纸作为非物质文化遗产在校园广泛传承，进一步推进非物质文化遗产保护与传承，大力弘扬优秀传统文化。传统的民间剪纸是中国的艺术瑰宝，校园的传承能陶冶学生的美好情操，学生的欣赏能力和辨别能力也会提高，动手和动脑能力都可以得到发展。

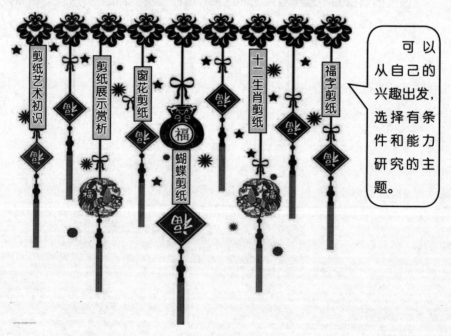

剪纸艺术初识　剪纸展示赏析　窗花剪纸　蝴蝶剪纸　十二生肖剪纸　福字剪纸

可以从自己的兴趣出发，选择有条件和能力研究的主题。

同学们如果对传统文化剪纸艺术研究这个课题感兴趣，那就结合自己的经历和生活环境，在与同学、老师协商讨论的基础上，确定你们自己的实践活动主题，组成活动小组开展研究。当然，也可以先建立活动小组，再确定主题。

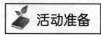 **活动准备**

研究主题一经确定，就需要制订一份研究计划，确保整个研究过程的有序开展，而且为研究过程和结果的评价提供了参考的框架。

研究主题：关于非物质遗产剪纸艺术的研究

研究目标与任务：

小组成员分工：

活动实施时间：

活动的主要内容及步骤：

利用课余时间，学生搜集有关剪纸的种类、剪纸的历史、我们本地有哪些剪纸艺人、剪纸的方法；通过上网查阅资料了解剪纸技法，剪刀运用技巧；能创作剪纸作品；推销自己的剪纸作品；进行剪纸比赛活动。

活动需要的条件和可能遇到的困难：

在剪纸技法方面，由于缺乏剪刀的运用，动手能力比较差，线条不太流畅，在创作设计方面由于知识的匮乏，所以创作的作品可能比较粗糙……

预期研究成果：

成果表达形式：

……

> 请参考这些内容，设计出自己的研究方案吧！

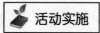 **活动实施**

查阅资料

了解我国剪纸的种类，了解剪纸的起源和发展。

一般而言，研究的前期工作之一，就是查阅和研究课题相关的资料，而在研究活动的过程中也还需要补充一些相关的资料。资料的查找有多种途径，可以从教师或有关专家那儿得到帮助，也可以直接去图书馆查阅，或从网上收集你所要的信息等。

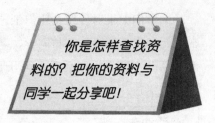

你是怎样查找资料的？把你的资料与同学一起分享吧！

小资料

十二生肖剪纸

剪纸艺术，具有鲜明地方性。生活中十二生肖题材剪纸大致有四种形式：一是独立生肖造型，如单幅十二生肖剪纸作品；二是生肖祥瑞组合，如"鸡日迎春"；三是生肖与人物结合，如老鼠嫁女；四是生肖大汇聚，把十二生肖组合在一起剪一幅作品。无论是哪一幅作品，都要反映动物的生肖特性，必须区别于普通动物主题。

由于风俗差异，各地对同一主题的剪纸也各有侧重。

山东高密的齐秀花，作品就超越平面化，呈现出立体感，例如1997年《金牛奋蹄》，入选生肖邮票；延安的剪纸高手白凤莲创作出写实性生肖系列剪纸；鹤壁市窦桂书，创作的代表作《混搭式五十双喜十二生肖图》，都非常出色。

山东剪纸艺术

山东剪纸艺术的题材非常广泛，不仅表现了群众喜闻乐见的事物，还反映了人们对美好生活的向往，有鸟兽鱼虫、山水风景、花卉蔬果、戏曲人物、民间传说、历史典故、文字图案等。

山东剪纸从造型风格上大致可分两类。

> 一类是粗犷豪放的风格，属于渤海湾地区，与黄河流域一代剪纸一脉相承。
>
> 一类是线面结合的精巧型剪纸，属于山东胶东沿海地区，与山东汉代画像石刻细密繁缛的风格相似，约为一脉相承。

参观与访问

我国剪纸艺术丰富多彩，种类繁多。

同学们通过查阅资料，了解了剪纸的艺术，一定会被它的魅力所折服。想想办法，最好通过自己的努力，通过老师和家长了解身边的剪纸艺人，在老师或家长的陪同下前去参观访问。

主要应了解：剪纸的历史，剪刀的运用，剪纸作品的创作和技法，运用剪刀剪制作品时应注意哪些问题等。

访问当地民间艺人，就你们所关心和想了解的问题，向他们请教。拜访前一定要准备访谈提纲，并事先做好联系工作。

访谈记录表

访谈主题：

访问者（学生）：

被访问者：

工作单位、职务（职称）、专业（专长）

访问方式：

电话、书面、面对面、其他

访问时间、地点：

访谈问题（提纲）：

访问记录：

……

> 通过访问、参观，你发现了什么？整理一下通过调查和观察获得的资料，撰写小组的调查报告和参观报告。

练习与制作

前期同学做了大量的调查工作，了解了剪纸的艺术，剪纸艺人的创作过程，接下来就是同学们展示风采的过程，练习剪刀的运用，了解所需纸的特性，临摹创作作品，装裱保存作品的方法！

展览与推销

举行一次剪纸作品展，将自己亲手剪制的剪纸作品进行展示。开展一次义卖活动，精心设计推销词，争取把我们的剪纸作品卖出去。有条件的同学也可以将自己的作品放在网上进行展销。将自己卖剪纸作品所得到的收入，捐给需要帮助的人，献出一份爱心。

设计与宣传

开展一次剪纸展览会，在班级走廊里或校园里，开展剪纸作品展，把我们最拿手的作品在全校展示，让同学们通过参观，了解剪纸艺术，对剪纸产生兴趣，积极参与到非物质文化遗产传承活动中来。

开展一次"关于非物质文化遗产剪纸艺术研究"的征文比赛活动。可以写自己的剪纸感受，可以抒发对祖国传统文化的热爱之情，可以写写义卖的感受，可以写剪纸过程中发生的故事⋯⋯

🌱 展示与交流

1. 展示所收集的有关文字资料和图片资料、创作剪纸作品。

2. 展示调查记录材料，交流调查过程中的典型事例和感受，汇报调查结果。

3. 小组交流活动后的感受和体验。

4. 交流、展示主题为"我喜爱的剪纸作品"的文学作品。

5. 制作剪纸手抄报，展示剪纸艺术。

🌱 反思与评价

通过本课题的研究你对非物质文化遗产剪纸有什么新的认识？在研究过程中遇到了什么问题和困难？你是如何解决问题、克服困难的？你是否认真参加每一次小组活动，努力完成自己所承担的任务？

在活动过程中，你能否主动提出研究和工作设想、建议？你能否与同学合作，善于采纳他人意见？你在研究过程中掌握了哪些研究方法、剪纸技能？你对自己在活动中的表现满意吗？老师和同学们是怎么评价你的？

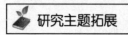
研究主题拓展

我国剪纸的种类和开展的活动是多姿多彩的，是中华民族宝贵的文化遗产，被列为世界非物质文化遗产，如何让我国的剪纸文化得到更好的传承和发展？如何让我们的剪纸更好地走向世界？这些问题需要我们继续去探究。

课时设计

第一课时：剪纸艺术初识

【活动背景】

剪纸是我国的传统文化，具有悠久的历史，而且被列为世界非物质文化遗产。2017 年，济南市教育局正式把剪纸作为非物质文化遗产传承的一项内容，要求在校园广泛开展剪纸艺术研究活动。我们把它作为综合实践活动的一个课题给学生提出来，进行研究，通过问卷调查，学生非常感兴趣，愿意参加剪纸艺术研究活动。

【活动目标】

1. 初步认识剪纸艺术是我国独特的艺术表现形式；了解中华民族传统文化，了解我国剪纸的一般特点和审美情趣。

2. 指导学生多途径收集信息，认识民间剪纸艺术，学会运用剪纸的基本技法制作剪纸作品。

3. 培养学生在综合实践活动自主探究、发现问题 、解决问题的能力，培养学生的动手能力、创造性思维。

【活动重难点】

活动重点：理解和掌握剪纸的造型装饰手法，体验剪纸带来的快乐，培养学生浓厚的剪纸兴趣。

活动难点：正确使用剪刀，锻炼手的灵活性。

【活动准备】

教师准备：

1. 课前指导学生分组，提前准备好材料。

2. 多媒体课件、视频、剪纸的资料、剪纸工具、剪纸作品等。

学生准备：

剪纸作品若干，大红纸，剪刀、刻刀各一把，垫板，彩纸五张，文件夹两个，彩笔。

【活动过程】

环节一：创设情景，导入剪纸。

1. 出示课件，初步了解剪纸。中国剪纸艺术被列为世界非物质文化遗产。一张普通的红纸，几经盘转，在剪纸艺人的刀剪之下，顷刻间就创造一个充满活力的剪纸作品。

2. 剪纸艺术的历史悠久，以其独特的表现力，与人们大众的生活结下了不解之缘，在一代人一代人不断的传承中更加有魅力。

【设计意图】

初步了解剪纸是我国具有魅力的传统文化，引起学生对剪纸艺术的兴趣。

环节二：情境体验，激发兴趣。

1. 边放音乐，学生边了解教师提供的剪纸知识介绍，欣赏剪纸作品。

2. 学生初步体验剪刀的使用，尝试剪一剪，说说自己的感受。

【设计意图】

教师为学生创设真实的情景，引导学生自主活动，能够针对自己感兴趣的内容进行研究，激发学生研究剪纸艺术的浓厚兴趣。

环节三：交流讨论，建立学习小组。

1. 学生自由组合，建立学习小组，推荐组长，明确组长的职责。

2. 聊一聊，通过刚才的欣赏和动手，你有什么想法？在小组内交流汇报，教师指导学生提出问题。（小组长做好总结、汇报、提炼问题）

【设计意图】

学生通过欣赏剪纸作品，已经有了自己的主见，能够根据兴趣进行分组，确定研究的主题。

环节四：提出问题，想想议议。

1. 你了解了剪纸的哪些知识？对什么方面最感兴趣？

2. 本组成员准备确立什么研究主题进行深入研究？

把记录下来的问题贴到黑板上，一起讨论确定，选出有研究价值的问题，总结提升。

【设计意图】

学生经历了亲身体验，在这个过程中，发现并提出问题，小组内收集，集体讨论选择有价值的问题，生成研究主题。

环节五：确立主题，商讨方案。

1. 问题转化为主题。

同学们非常善于思考，我们提出了这么多问题，一起来给他们归归类。

学生从研究方法、研究目标、研究过程、成果展示等方面展开讨论，制定出各组主题的研究方案。

2. 交流主题研究方案。

小组汇报各组的研究方案，其他同学提出意见，修改完善。

【设计意图】

学生积极思考研究专题，自由参加课题小组，自主制订活动方案，这一切，都要尊重学生的个人意愿，呵护学生的兴趣爱好，充分体现学生的主体地位。

第二课时：剪纸作品赏析

【活动背景】

通过第一次的赏析与动手制作，学生对剪纸有了初步的兴趣，根据同趣分组的原则，学生自主确定主题，利用课余时间通过调查、访问，查找资料等形式对剪纸的历史、剪纸的种类、剪纸艺人、剪纸的现状、剪纸的传承和发扬、怎样创作剪纸作品等，做了大量的收集、整理，希望通过展示，让同学们更加热爱中国的剪纸艺术，并愿意深入研究。

【活动目标】

1. 学生通过多种途径收集剪纸的信息，以各种形式进行展示交流，更加深入地认识民间剪纸艺术。

2. 小组合作共同解决问题，使学生在活动中体验探究带来的乐趣。

3. 通过欣赏剪纸作品，使学生感受剪纸艺人的高超技艺，通过实践活动培养学生热爱中国传统文化、愿意传承剪纸艺术，从中感悟人生哲理，培养学生的民族自豪感。

【活动重难点】

活动重点：通过小组合作针对主题研究，筛选有价值的资料，以各种形式进行展示。

活动难点：协调好时间，小组成员分工合作。

【活动准备】

教师准备：

1. 课前指导学生分组，提前准备好材料。

2. 多媒体、视频、剪纸的资料、剪纸工具、剪纸作品等。

学生准备：

学生展示的资料

【活动过程】

环节一：课堂导入，激发兴趣。

同学们，上一次活动中，大家提出了很多有研究价值的问题，我们通过归类，总结出了这几方面：剪纸的历史，剪纸的种类，我们本地的剪纸艺人，怎样传承和发扬剪纸艺术，怎样创作剪纸作品等。这此活动，我们就将这几方面研究生成主题，交流汇报。

【设计意图】

从学生感兴趣的话题入手，对上次活动进行一个小总结，引出本次活动主题，交流汇报。

环节二：开放时空，小组汇报。

1. 通过开放性的学习、学生利用课余时间多种形式参与剪纸研究活动。

网上搜索，提供了更快捷更方便的条件，使学生多种渠道获取剪纸信息；还可以翻阅书刊，观看 VCD 等方式，收集相关资料。

2. 学生以小组为单位，对收集的大量信息资料，进行整理并综合分析，利用不同的形式表达课题研究成果，例如，展示剪纸作品、手抄报、制作剪纸网页等。

【设计意图】

学生通过多种渠道，了解剪纸艺术，鼓励学生利用多种形式呈现和交流研究成果。

环节三：了解剪纸、评价反思。

1. 剪纸，是中国最古老的民间艺术之一。（出示课件《对马团花》）请大家欣赏，这是我国考古发现的最早的剪纸作品。剪纸的历史，可追溯到公元 6 世纪前的北朝。

2. 引导学生了解中国民间剪纸的历史，以及制作剪纸的工具。

3. 参观展览，交流分享。

欣赏剪纸的艺术特点和审美趣味。在剪纸造型中，剪纸艺人是怎样进行夸张和变形的？通过欣赏，简单说一说自己的感受。谈谈自己学习的收获及困惑，对小组的活动提出合理的建议。

【设计意图】

鼓励学生进行自我反思，勇于表达，同伙伴交流与对话，反思自己的收获、存在的问题。

环节四：实践探究，总结提升。

学生在小组内，交流自己查找的剪纸资料，介绍所选剪纸作品的意境，还可以说一说制作过程，交流研究实践中的感受、体会。

通过课题研究，自己有哪些收获，存在哪些问题，自己还想研究什么，撰写心得体会，汇报交流。

【设计意图】

学生通过亲身体验，能够根据老师和同伴提出的意见和建议，明确自己探究方向，提升自己的活动经验。

环节五：展示交流，拓宽延伸。

欣赏剪纸作品，分享同学们的研究成果。

为了让同学们更多地了解剪纸艺术，我们可以在校内举办一次有关剪纸知识的展览活动。如果要面向全校学生，你打算做些什么？

大家积极筹备，把收集的图片、资料、进行整理，以报告、反思日志、心得笔记、手抄报的形式进行展示。

【设计意图】

学生在活动过程中，记录和收集了很多活动资料，引导学生学会整理，并以各种形式进行展示，提高学生参与活动的积极性。

第三课时：窗花剪纸

【活动背景】

贴窗花是古老的传统节日习俗。每逢新春佳节之时，中国的许多地区都喜欢在窗户上，贴上各种各样的精美的剪纸窗花。

窗花既烘托了节日的喜庆气氛，又寄托着人们辞旧迎新、接福纳祥的愿望。窗花还为人们带来了美的享受，把装饰性、欣赏性和实用性融于一体。

【活动目标】

1. 使学生通过实践活动研究，懂得窗花剪纸设计和制作的基本方法和技能。在感受窗花美的基础上，学会折、剪自己喜欢的各种不同形状的窗花。

2. 激发学生对中国剪纸艺术的热爱，使学生在研究过程中享受剪纸带来的快乐。进一步提高对剪纸艺术的认识和感知美、创造美的能力。

3. 通过综合实践活动对窗花的研究，让学生体会到勤动脑、多动手，可以创作更美的作品。

【活动重难点】

活动重点：绘制剪纸的图样。

活动难点：绘制剪纸的图样，掌握运用剪刀的技巧。

【活动准备】

教师准备：多媒体、白色与彩色纸、剪刀、胶水。

学生准备：白纸、彩色纸、剪刀、胶水。

【活动过程】

环节一：情景导入，提出主题。

1. 学生在音乐中欣赏各种剪纸。

同学们，我们对剪纸艺术已经有了初步的了解，同学们也尝试创作了剪纸作品，本次活动主题是研究窗花的剪纸创作过程。

2. 你知道什么时候贴窗花吗？

每逢佳节时，人们总会用大红纸剪出来一些漂亮的图案贴到窗户上，增加节日喜庆气氛，因此，叫它"窗花"。它既有深刻的寓意，又有装饰性趣味，很受大家的喜爱。今天，我们一起来研究窗花的剪纸。

板书：窗花

【设计意图】

学生通过前期的主题活动，对剪纸有了深入的了解，心里一定蠢蠢欲动，想亲自动手一试，剪出像样的作品来。导入环节激发了学生活动兴趣。

环节二：探究方法，总结步骤。

1. 每个小组的桌子上都有一幅窗花剪纸作品，小组讨论研究，怎样创作一幅窗花作品。

2. 总结剪窗花的步骤。

小组派代表发言，讲解剪窗花的步骤，其他小组补充，提出建议。

方法如下：

（1）将方形色纸对角,折两次、三次，折整齐。

（2）画上自己喜欢的简单的花纹，花纹的线条要连接，然后把要剪去的地方画成阴影。

（3）按照纹样剪出，小心揭开。

（4）涂上浆糊，贴在窗户或白卡纸上。

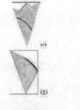

【设计意图】

学生通过自主研究，探究方法，全身心投入活动中，经历发现、分析和解决问题的过程，亲身体验了剪纸的魅力。

环节三：动手操作、尝试作品创作。

1. 学生动手折一折，画出纹样、尝试剪一剪。

2. 教师巡视，及时发现问题，收集问题，做到心中有数。

3. 学生剪完窗花，肯定存在不少问题。例如，剪的方向反了，作品散了；画出来的纹样和剪出的作品不一致；不会折叠纸等等。

【设计意图】

学生自己总结步骤，运用一定的操作技能解决剪纸过程中的问题，总结经验，发展实践创新能力。

环节四：展示交流，介绍经验。

1. 学生看着自己的作品，提出问题，小组讨论。经验交流，在班级内汇报，总结方法，提出注意事项。

2. 作品展示。

【设计意图】

学生亲手制作剪纸作品，展示作品获得成功的喜悦，进而使学生更加深入地去研究剪纸艺术。

环节五：评价反思，教师点拨。

1. 学生通过交流、反思自己创作过程中存在的问题，尝试重新剪窗花，向有经验的学生请教。

2. 课堂总结，教师适时点拨，指导方法。

3. 每个学生都能在规定的时间里创造出一幅窗花剪纸作品。

【设计意图】

伙伴的评价使学生在活动中找出不足，及时获得学习过程的反馈，改进后续的活动，不断激发学生的潜能。

第四课时：蝴蝶剪纸

【活动背景】

蝴蝶翩翩飞舞，常常作为美丽的化身，是中国不同手工艺术品中比较常见的主题，尤其是在剪纸创作过程中，更是许多艺术家的最爱，蝴蝶常会被选择，作为艺术创作的原型。

【活动目标】

1. 初步了解和掌握剪纸的一些基本技法。例如，花瓣纹、纹圆点、柳叶纹、锯齿纹、月牙纹、水滴纹等。

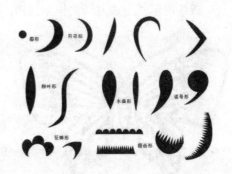

2. 学生通过探究活动，能独立完成蝴蝶纹样的设计，创作一幅剪纸作品。

3. 学生通过动手操作，进一步感受中国传统文化剪纸的丰富多彩，提高学生的审美能力，使学生享受剪纸的乐趣。

【活动重难点】

活动重点：指导学生对蝴蝶剪纸进行设计，修改纹样，掌握创作成品的步骤。

活动难点：掌握剪纸的基本技法并运用，能独立完成蝴蝶纹样的设计、创作。

【活动准备】

教师准备：教师准备课件、示范作品

学生准备：多媒体课件，准备彩纸、剪刀、胶水、衬纸、画笔。

【活动过程】

环节一：创设情境，导入活动。

1. 上一次活动我们研究了窗花剪纸。学生分享常用剪纸：窗花（装饰窗户）、喜花（喜事装饰）、实用图样（服装、鞋帽等纹样）等。

2. 出示课件，有关蝴蝶的图片。今天我们要研究对称图形蝴蝶的剪纸方法。

3. 欣赏美丽的蝴蝶剪纸作品。

【设计意图】

回顾总结，调动已有的剪纸知识储备，引出本次活动主题。自然界的蝴蝶是美的象征，通过欣赏激发学生剪纸兴趣。

环节二：提出问题，研究方法。

1. 分析讨论。

课件出示"蝴蝶剪纸"作品范例，学生欣赏。

板书：蝴蝶剪纸

2. 学生小组讨论、提出问题。

3. 总结共同特点。

出示形态各异的漂亮的蝴蝶剪纸，寻找它们的共同特点，从蝴蝶的身体、翅膀、触角等找出共同特点，小组讨论：找到了蝴蝶哪些共同特点呢？

4. 汇报小结。

学生汇报，蝴蝶剪纸的特点有：身体两边对称，分为三部分：触须、身子和翅膀。

板书：对称、三部分组成：触须、身子、两对翅膀

5. 比较讨论。

（出示课件）蝴蝶的剪纸图样和自然界中的蝴蝶对比。

小组讨论：剪纸中的蝴蝶和自然界中的蝴蝶的异同。

6. 总结汇报。

我们设计剪纸图样的时候，要把握好蝴蝶的身体特点。我们既可以参考自然界中的蝴蝶进行设计，也可以根据自己的喜好，运用夸张和写实相结合的方法，设计成自己想象中的蝴蝶图样。

板书：写实　夸张

【设计意图】

学生通过自主讨论，小组合作，共同研究蝴蝶剪纸方法，积极参与活动，教师适时总结提炼方法。

环节三：方法体验，设计剪纸。

1. 轮廓设计。在一张彩纸上设计自己喜欢的蝴蝶轮廓。

2. 添加纹样。剪纸常用的符号：月牙纹、纹圆点、花瓣纹、柳叶纹、水滴纹、锯齿纹。了解装饰纹样，学生独立设计蝴蝶剪纸纹样。

3. 修改设计。师出示学生的作品，引导学生想想：蝴蝶哪些地方需要修改？学生找出不足，小组内同学讨论一下，一起探讨，互相修改纹样。

【设计意图】

学生能对自己感兴趣的剪纸活动进行实践探索，获得丰富的实践经验，教师在活动过程中起到引导、指导的作用。

环节四：交流讨论、完成作品。

1. 组内讨论，我们怎样才能把一只蝴蝶剪好？小组长总结、汇报剪纸的方法。

讨论汇报：剪纸蝴蝶时，由里到外，由上到下，由小到大，最后，剪外轮廓。教师示范剪纸技巧，有些纹样是在内部的，我们可以用对折的办法，小心剪开一个口子，再把剪刀头伸进去剪，注意线条的流畅。

2. 学生练习，完成作品。

独立设计完成一幅对称蝴蝶纹样的剪纸。教师巡视指导。

【设计意图】

学生通过集体研究，分享经验，体验蝴蝶剪纸研究的过程和方法，独立自主完成作品创作，体会成功的快乐。

环节五：交流展评，总结提升。

1. 将你设计完成的蝴蝶剪纸展示在黑板上。

2. 学生提出有针对性的建议，供同学们参考。找出自己的不足之处，认真请教优秀的设计者、作品剪得出色的同学作经验交流，尝试不同的纹样装饰，创作出独有的作品。

3. 蝴蝶剪纸中对称图形是最容易剪的，有时人们还根据需要，直接绘画出蝴蝶纹样，还可以在蝴蝶的纹样中加入其他的剪纸元素，这样就会让画面看起来更加丰富、精美。

4. 课件出示其他蝴蝶剪纸作品，让学生欣赏。

【设计意图】

学生通过动手操作实践，初步掌握了蝴蝶剪纸的基本技能，感受传统文化的魅力，发展实践创新意识和审美能力。

第五课时：十二生肖剪纸

【活动背景】

在剪纸主题活动中，十二生肖剪纸的创意制作最能吸引学生。传统十二生肖剪纸的制作对于学生来说，一个比较大的问题，就是剪纸图案的象形化，怎么完成比较好一些。对于刚刚学习剪纸的学生，最好还是先多临摹和研究学习十二生肖剪纸的精彩设计。多一些临摹，可以让学生的剪纸制作水平得到进一步的提升，从而最终能够自己完成十二生肖剪纸的设计。

【活动目标】

1. 学生学会用剪纸制作十二生肖，通过学习剪十二生肖，学生进一步掌握剪纸技法中圆形、月牙形等基本图形的刻法。能够临摹作品，提高学生的审美能力。

2. 在实践活动中，使学生乐于动手，用剪纸表达自己的情感，培养学生的剪纸兴趣和细心、耐心的品质，发展学生的想象力与创造力。

3. 在剪制十二生肖活动中，学生了解一些生肖的基本常识，激发学生学习中国传统文化的意识。培养热爱中国的剪纸文化，使这一非物质文化遗产在校园内传承和发扬下去。

【活动重难点】

活动重点：剪出富有民族特色的十二生肖图案，能设计带有装饰性图案的剪纸。

活动难点：在绘画动物纹样的过程中，抓住每种动物的特征。

【活动准备】

教师准备：示范作品、多媒体课件、彩纸、刻刀、刻板、样品、铅笔、橡皮。

学生准备：大红纸、刻刀、刻板、样品、铅笔、橡皮。

【活动过程】

环节一：确定主题，激趣导入。

1. 学生展示收集的有关十二生肖的资料。

十二生肖是人们很喜欢的一种剪纸题材。十二生肖被赋予了深刻的寓意，这也是在传统剪纸艺术里，十二生肖剪纸能独树一帜的原因之一。

2.（出示十二生肖剪纸图）这幅十二生肖全家福是用什么形式表现的？（剪纸）

我们就来一起研究十二生肖的剪纸方法。

板书：十二生肖剪纸

【设计意图】

学生主动参与，亲身经历了查找资料的过程，通过展示体验分享的快乐，激发学生对研究十二生肖的兴趣。

环节二：探究方法，研究技法。

1. 小组合作，根据鸡的剪纸作品，分析总结鸡的剪纸步骤。

小组派代表发言。

2. 观看微视频，有关鸡的剪纸创作过程及剪纸技法。

3. 试着画一画：在鸡的轮廓图上添加适当的纹样。

4. 学生讲解符合的剪纸纹样，修改图样。

5. 修改作品。运用写实、夸张、拟人等方法将生肖动物画在白纸上，特别注意动物的外形。

6. 装订，将画有剪纸纹样的白纸和大红纸装订在一起。

【设计意图】

在探究过程中，充分发挥合作学习的优势，重视学生的自主参与意识和合作沟通能力，体验学习的乐趣。

环节三：动手制作，交流讨论。

1. 剪制剪纸作品，注意剪刀的使用，如果觉得自己做得不够好的同学，也可以重新剪一个。（课件播放轻音乐）

要求：（1）使用剪刀时注意安全。

（2）剪纸过程要仔细，不可操之过急，尽量做到不过刀，不连刀。

（3）剪纸产生的纸屑及时清理。

2. 剩下的大块红纸收好，留着做小的剪纸纹样用。

3. 学生讨论自己剪纸作品存在的问题、注意的事项，小组长总结记录，在下一个环节中全班汇报交流。

【设计意图】

学生通过动手操作，将自己的创意付诸行动，转化为作品，提高学生的思维及动手操作能力。

环节四：展示交流，修改作品。

1. 展示作品，请同学们简单说说自己对作品的感受，以及创作过程中出现的问题。

2. 小组汇报本组解决不了的问题。

十二生肖剪纸关键不是五官，而是要抓住动物的外形特征，绘制简单的轮廓，可以突出、夸张，大的更大，长的更长，使动物的特征更加明显，直观展示动物形象，更生动。

【设计意图】

学生通过展示，发现不足，在相互交流、对话的过程中，促进学生反思、提升经验。

环节五：评价反思，总结提升。

1. 中国的剪纸作为人类的非物质文化遗产，我们怎样传承并发扬光大？组内讨论，派代表发言。

2. 教师小结，提出新的任务先进行自主研究。

十二生肖是中国传承了上千年的传统文化，同学们都特别喜欢，我们通过用剪纸的方法来表现十二生肖，表达对中国传统文化的热爱之情，希望同学们能利用课余时间剪出其他的十二生肖作品。（出示课件，拓展欣赏）

3. 临摹十二生肖剪纸作品。

【设计意图】

让学生感受中国文化的灿烂，用一把剪刀瞬间就可以轻松随意地创作一幅剪纸作品，表现自己心中的想法，所以剪刀的熟练程度是关键，鼓励学生要坚持动手，经常练习剪刀的使用，提高熟练程度。

第六课时：福字剪纸

【活动背景】

春节，家家户户都喜欢贴"福"字，贴"福"字是中国家庭由来已久的风俗。"福"字蕴含吉祥祝福，所以中国人对"福"字有着特殊的感情。不论是书法的"福"，还是剪纸中的"福"字。随着人们审美能力的不断提高，剪出来的"福"字的精品越来越多。

【活动目标】

1. 了解"福"字剪纸的多样性，欣赏、感知各种各样的"福"字剪纸。

2. 认真研究"福"字剪纸，创作"福"字剪纸，体验人们贴"福"字剪纸迎新年的传统过节方式。

3. 培养学生对剪纸艺术的爱好和兴趣，传承、发扬中国的传统文化。

【活动重难点】

活动重点：剪出不同形式的"福"字剪纸。

活动难点：创作"福"纹样。

【活动准备】

教师准备：示范作品、多媒体课件、彩纸、刻刀、刻板、样品、铅笔、橡皮。

学生准备：大红纸、刻刀、刻板、样品、铅笔、橡皮。

【活动过程】

环节一：谈话导入，确定主题。

每逢春节，家家户户都会张贴剪纸窗花，剪纸的内容各异，形状各具特色，我们非常熟悉的"福"字，经常会以剪纸的形式出现在窗户上，可见其在民间窗花剪纸创作中的地位有多么重要。（出示课件）请大家欣赏"福"字窗花剪纸。

板书："福"字剪纸

【设计意图】

生活中，"福"字是最常见的窗花，从学生身边的事导入新的研究主题，可以很快地吸引学生的探究欲望。

环节二：解说"福"字的含义、探究方法。

1. 学生图解"福"字的含义。春节贴"福"字，寄托了人们对幸福生活的向往，对美好未来的祝愿。现在的解释是"幸福"，而在过去则指"福气""福运"。

2. 学生展示，欣赏"福"字窗花剪纸

学生图解"福"字剪纸。人们经常在"福"字的四周使用蝙蝠、牡丹花等来进行装饰。借用蝙蝠的"蝠"的发音，传达幸福，借音表意是我国传统民俗文化中常见的表现形式。

3. 小组内探究"福"字的剪制方法，先从简单的普通手写体的"福"字开始。

【设计意图】

教师指导学生选择合适的方式呈现，鼓励学生利用课件展示，为了吸引大家注意力，要事先做好准备，体现人尽其责，合理高效。

环节三：动手制作，创作"福"字剪纸。

1. 自由创作单字"福"字剪纸。

2. 画一画"福"字剪纸纹样，学生自己画一幅简单的"福"字剪纸纹样。

3. 临摹"福"字剪纸，注意细节方面。

【设计意图】

单个"福"字比较好剪，鼓励学生自主探究，独立完成。还可以根据以前的经验进行临摹，体验精品的魅力。

环节四：展示交流，总结经验。

1. 展示单个"福"字剪纸，学生讲评。单个字剪得过程中注意什么？大家的作品有哪些问题？改进的方法。

2. 带有装饰纹样的剪纸作品。作品优秀的学生介绍经验，注意事项，方法中的关键步骤等。

3. 临摹时应该注意什么，你认为在剪纸过程中什么最重要？针对学生的问题，小组讨论汇报交流。

【设计意图】

学生在已有的经验上，完成作品的制作，针对制作过程中的困惑，小组内展开、汇报、交流，经验介绍，取长补短。

环节五：课堂小结，评价反思。

我们共同欣赏了民间剪纸"福"字，感受了民间剪纸的艺术魅力。亲自动手制作，创作"福"字剪纸作品，希望同学们课下查阅资料，欣赏更多的"福"字剪纸作品。

通过"福"字剪纸的探究，你有哪些体会？可以有多种形式展示，可以写一写心得体会，可以做一份手抄报等。

【设计意图】

教师鼓励学生对探究过程，进行系统梳理和总结，反思自己，提升经验，选择不同的形式展示。

主题二：走进社区

社区是未成年人思想道德教育的延伸和补充。学生社区服务与社会实践活动是综合实践活动的重要组成部分，从小培养学生良好的社区服务和社会实践活动能力，对学生将来的成长将起到至关重要的作用。但城区小学普遍存在着教育场地狭小、社会实践活动资源匮乏的现状。

本课题使我们及时了解当前城区小学在学生社区服务与社会实践活动中因地制宜地利用当地资源，有效地开展此项活动的做法与对策，从而对城区小学在开展社区服务与社会实践活动中起到一定的借鉴作用。我们究竟应开展什么样的活动呢？结合自己的经历和生活环境，在与同学、老师协商讨论的基础上，提出自己的主题活动，组成你们的活动小组，明确小组的活动主题吧。

 活动准备

为了开拓学生的视野，增长知识、亲近自然、感受生活，同时秉承教育家陶行知的"生活教育"理念，组织开展"走进社区"社会实践活动。社区所在的位置、社区有哪些名人、我们能为社区做些什么呢？这需要我们进行深入的调查和研究。

研究主题一经确定，就必须制订一份计划书，确保整个研究过程的有序开展。

> **研究主题**：走进社区
>
> **研究任务**：
>
> 通过搜集资料、参观访问、实地调查等方式了解社区的地理位置、社区的名人，我们能为社区提什么合理化的建议，能做些什么力所能及的事情。
>
> **小组成员分工**：
>
> **活动时间安排**：
>
> **活动主要内容及步骤**：
>
> **研究所需的条件和可能遇到的困难**：
>
> **预期研究成果**：
>
> 调查报告、设计方案……
>
> 在这个过程中，每个小组成员都应该自由积极地表达自己的想法，进行充分的讨论、协商，集思广益。

 活动实施

查阅资料

通过多种途径，了解社区的地理位置，了解社区的名人。

社区的由来

"社区"一词源于拉丁语,是共同的东西和亲密的伙伴关系的意思。"社区"一词最初是由德国的社会学家滕尼斯应用到社会学的研究中。近些年,我国的很多社会学家开始对"社区"进行深入细致的研究,而且对"社区"的理解和认识不尽相同。例如,范国睿认为:"社区是生活在一定地域内的个人或家庭,出于对政治、社会、文化、教育等目的而形成的特定范围,不同社区间的文化、生活方式也因此区别开来"。刘视湘从社区心理学的角度定义为:"社区是某一地域里个体和群体的集合,其成员在生活上、心理上、文化上有一定的相互关联和共同认识"。如"和平里社区""洪楼社区"是侧重其共同地域属性,而"华人社区""穆斯林社区"等则侧重其共同文化的属性。社区没有行政级别,社区工作人员既不属于行政编制也不是事业编制,社区工作人员的主体是社区干部,由三年一次的换届选举产生。因此,大部分社区的工作人员流动性大。社区的工作人数根据管辖居民多少而异,大的社区可能管辖5000户,小的社区则不到1500户,一般社区工作人员在8—20之间,只设一个社区主任兼党支部书记。

社区类型

纵向角度

传统社区、发展中社区、现代社区或发达社区。

横向角度

法定的社区,即地方行政区。

自然的社区,即人们在生产和生活中自然形成的聚落。

专能的社区,如大学、军营、矿区等。

社区功能

根据我国社会发展状况,应当重点培育和完善的社区功能有以下几种:

1. 管理功能:管理生活在社区的人群的社会生活等事务。

2. 服务功能：为社区居民和单位提供社会化服务。

3. 保障功能：救助和保护社区内的弱势群体。

4. 教育功能：提高社区成员的文明素质和文化修养。

5. 安全稳定功能：化解各种社会矛盾，保证居民生命财产安全。

知名社区

上海市黄浦区半淞园路街道黄浦新苑社区、北京市丰台区丰台街道永善社区、河北省石家庄市新华区天苑街道天苑社区、河北省张家口市下花园区城镇街道新花园社区、山西省晋城市城区东街街道建设路社区、河南省周口市川汇区荷花路办事处前王营社区、辽宁省沈阳市七路街道创意社区等。

别忘了把参观过程中看到的、听到的、感受到的具体细节记录下来呀！

参观与访问

你了解自己所居住的社区吗？它在什么位置，你所居住的社区有多大？各项配套设施齐全吗？社区里有哪些名人？怎样更全面地了解呢？想想办法，联系社区进行参观访问。注意参观前一定要想好问题，参观过程中注意观察和思考。

除了参观，我们还可以采访不同年龄阶段的人们，向邻居、路人等了解自己所居住的社区目前还存在哪些问题。

注意拜访前一定要准备访谈提纲，并事先做好联系工作。

实地调查

"纸上得来终觉浅，绝知此事要躬行。"要想准确了解社区，还需要自己亲自实地体验一下。到社区走一走，去实际感受和观察一下，分析大家提出的意见和建议，尝试提出解决问题的策略。

对策与建议

根据自己调查和研究的结果，提出自己对解决减少广告对生活的负面影响的具体措施，并上交有关部门。

展示与交流

1. 展示所收集的有关反映社区的文字、图片、采集的照片等资料。

2. 展示调查参观记录材料，交流调查过程中的典型事例和感受，汇报调查结果。

3. 小组交流调查情况和自己的感受和体验。

4. 交流自己提出的社区建设的合理化建议。

反思与评价

在本主题的实践活动中，你对社区有了哪些新的认识？你在研究过程中遇到了哪些困难？你是怎样克服困难的？你提出的社区建设的对策合理吗？整个活动过程中你有哪些体会？

你认为本主题活动中的实地调查有没有不足的地方？如何改进调查的结果会更准确？

你对自己在活动中的表现满意吗？老师和同学们是怎么评价你的？

研究主题拓展

社区的问题有很多。除了社区的位置、示意图、社区名人、我做社区美容师、我为社区添新绿，还有社区活动、社区工作的人、社区轶事、我为社区做规划等许多问题，这些问题都是需要我们继续探究的。随着这些问题的解决，社区会越来越规范，会越来越有利于人们的生活，为人们的生活服务，生活会更加多姿多彩。

 课时设计

第一课时：社区走一走

【活动背景】

社区——以一定地域为基础，以某种特征划分的居住区，是城乡居民生活、学习、休闲、娱乐的地方。通过让学生参与社区的服务活动，促使他们熟悉社区在地理位置、历史人文、环境布局、文化建设等方面的特点，继而萌生责任感和主人翁意识，并懂得保护和建设社区。

【活动目标】

1. 引导学生自主发现所在社区的大概位置、面积大小和环境布局等情况，能绘制出简单的示意图。

2. 通过社区走一走的活动，培养学生的观察能力和绘图能力。

3. 通过让学生观察社区的景物和绘制简单的示意图活动，激发他们的主人翁意识和自豪感。

【活动重难点】

活动重点：引导学生自主发现所在社区的大概位置、面积大小和环境布局等情况，能绘制出简单的示意图。

活动难点：能画简单示意图。

【活动准备】

教师准备：

1. 某个社区的示意图。

2. 多媒体课件。

学生准备：实地考察、走访社区的相关资料。

【活动过程】

环节一：创设情境。

时代在发展，咱们居住的社区也越来越美丽。老师给大家带来了一段视频，想看吗？（想）咱们一起来欣赏。（播放视频：美丽的社区）你看到了什么？（你观察得真仔细；你真会表达）

课件出示这个小区的示意图。

1. 你能看懂这张图吗？你能从这张图画中获取哪些信息？

2. 找一找：商店、居住楼、喷泉、小广场、俱乐部，它们都在哪里？

【设计意图】

激发学生的探究热情，初步感知生活区域的示意图呈现方式。

环节二：提出问题。

我们每个人都在社区中生活，都是社区的一分子，通过之前的实地观察，相信你们对社区有了更深刻的认识和理解。刚才大家看到的是某社区的示意图。怎样画出你所在的社区的简单示意图？同学们有什么办法？

生：生活在同一社区的同学组成活动小组，然后选定组长并组织本组成员制定活动计划，最后进行组内人员的合理分工。

【设计意图】

鼓励学生献言献策，群策群力。培养学生团结协作的精神。

环节三：方法体验。

师：用什么方法绘制示意图？应该注意哪些问题？（生答）

1. 想办法确定好社区的大概范围；

2. 用不同颜色的线条画出社区的主干道；

3. 先在图上做好标示，然后在旁边注出主要建筑的名称。

应该注意以下问题：

1. 社区内主要建筑的位置用不同的颜色进行区分。

2. 标出地图上的方向……

老师建议：采访前列好采访提纲，注意使用礼貌用语，如被采访人正忙，则不能冒昧打扰。找几位同学现场演示一下怎样礼貌采访。

【设计意图】

充分调动学生参与的积极性，让学生出谋划策，发挥学生的主体地位。

环节四：交流讨论。

咱班在同一个社区里生活的同学很多，现在请同一个社区的同学拿着自己的示意图互相交流一下，看看是否还有要修改的地方。

【设计意图】

让学生在交流中得到思维的碰撞，让绘图的准备工作在交流中得以完善。增强生生之间的互动，使思维得到提升。

环节五：总结提升。

通过这次的小组展示，同学们都关注了其他小组示意图值得学习的地方，也提出了改进的意见。同学们都绘制得很好，无论是颜色的对比，还是建筑物的构图都很棒。放学后同学们可以拿着自己绘制的社区示意图，到社区中去实际对照一下，让你的示意图更完美一些。

【设计意图】

通过交流活动，让学生们互帮互助，取长补短，不断完善自己。

第二课时：社区名人

【活动背景】

每个社区都生活着一些对社区有特殊贡献的人。他们有的孝老爱亲，有的诚实守信，有的爱岗敬业。他们在一些方面做得特别突出，是我们学习的榜样。让我们走近他们，向榜样学习。

【活动目标】

1. 通过探访活动，让学生自主发现自己所在社区中的那些对社会有特殊贡献的人。

2. 通过参与、调查等活动，体会社区的明天更美好。

3. 培养学生对自己所居住的社区的热爱之情，增强社区的凝聚力。

【活动重难点】

活动重点：通过探访活动，让学生自主发现自己所在社区中的那些对社会有特殊贡献的人。

活动难点：探访社区的名人。

【活动准备】

教师准备：多媒体课件。

学生准备：了解到的社区名人的资料。

【活动过程】

环节一：提出话题。

同学们，我们所居住的社区里有许多名人，比如历史上的名人，他们为我们大家做出了杰出的贡献。你对咱们社区的历史遗迹和历史名人了解多少？在我们的身边也有许多值得我们学习的榜样，他们有的热情助人，有的孝老爱亲，有的是新时代的活雷锋……在我们社区的光荣榜上，有他们的风采照，你对他们又了解多少？他们都为社会做出了多少特殊贡献？

【设计意图】

让学生了解自己所在社区的历史遗迹或历史名人，培养学生的主人翁意识和自豪感。我们的身边也有楷模，他们距离我们很近，榜样就在身边。

环节二：交流讨论。

以小组为单位让学生说说自己所了解到的社区名人的一些情况。

1. 自己所在社区的历史遗迹有……

2. 自己所在社区的历史名人有……

3. 历史名人的事迹是……

4. 我们社区里现在的榜样有……

5. 他们做出了特殊贡献……

【设计意图】

了解自己社区的历史和文化，感受身边的学习榜样，增强学生热爱社区意识。进一步提高学生的沟通交流能力，培养他们积极热情的性格。

环节三：生成主题。

教师介绍范例。

范例1：我生活在闵子骞社区。闵子（公元前536—公元前487），名闵损，字子骞，"鞭打芦花"的故事，让我们看到了他的善良和孝顺以及以德报怨的精神品质。

范例2：吴晓蓉，女，32岁。她的丈夫外出打工，家里有两个孩子，她的邻居王奶奶，子女均在国外，老人行动不便，吴女士经常帮王奶奶打扫卫生、收拾家里，得到了社区居民的一致好评。

同学们，通过以上的介绍，你一定对探访社区名人活动有了更深刻的认识！关于这次走访活动，你还想再了解什么？

生1：怎么了解更多的社区名人？

生2：我们怎样向榜样学习？

生3：对于社区的发展我有一些建议。

生：……

【设计意图】

通过对古今楷模人物的介绍，让学生进一步了解介绍的方法，激发学生对社区的热爱之情。

环节四：实践探究。

针对同学们提出的这些问题，建议同学们在小组内充分讨论后，撰写成实施方案并进行展示。你对社区的发展还有什么建议？请你用建议书的形式给社区的领导写一封信。

【设计意图】

培养学生自主发现问题并积极解决问题的能力，增强学生的小主人意识，积极为社区的发展提出自己的建议。

环节五：展示交流。

实施方案交流展示。

【设计意图】

为学生创造展示自己的机会，鼓励学生积极地展示自己，锻炼学生良好的语言表达能力。

第三课时：争做社区美容师

【活动背景】

我们的社区刚刚建成的时候是很干净整洁的，但总有一些不法商贩为了谋利，往社区的墙壁上贴一些小广告，它们像牛皮癣一样难看。为创建优美、和谐、文明的居住环境，我们要及时把它们清除。

【活动目标】

1. 了解自己所在社区的卫生和文明情况，利用业余时间清除垃圾，美化社区环境。

2. 通过交流讨论，确定清除垃圾的方案。

3. 培养学生的实践能力，让学生体验劳动最光荣。

【活动重难点】

活动重点：小组合作共同制订活动方案。

活动难点：号召社区的居民自觉维护卫生。

【活动准备】

教师准备：视频、多媒体课件。

学生准备：自己所在社区的卫生情况调查资料。

【活动过程】

环节一：提出话题。

出示某社区满墙的小广告的，垃圾不及时清理的视频。引出话题：同学们，社区的墙壁上经常会贴一些小广告，它们像牛皮癣一样难看，加之部分住户环境卫生意识差，出门后随手就把垃圾扔在这儿，因为最近天气炎热，造成附近苍蝇蚊子乱飞、气味难闻。这样的社区你愿意生活在其中吗？你们所在的社区卫生情况怎样？你有什么好办法解决这些问题？

【设计意图】

密切联系生活，引发学生思考，培养学生发现问题的意识，促使学生动脑筋解决问题。

环节二：交流讨论。

以小组为单位让学生说说所在社区的卫生情况。

1. 社区有没有小广告。

2. 垃圾处理得及不及时。

3. 是否还有其他卫生死角。

【设计意图】

让学生了解自己所在社区的卫生和文明情况，增强学生热爱社区的意识，促进学生养成自觉主动维护社区环境的习惯。

环节三：生成主题。

社区也是我们的家，我们都希望生活在干净整洁的环境中。通过以上的交流，你一定对社区环境有了更深刻的认识。谈谈你的收获吧！关于社区环境，你还想了解什么？

生 1：造成这些情况的原因是什么？

生 2：如何美化社区环境？

生3：如何号召社区的居民都来维护卫生？

生4：对于社区卫生的维护我有一些建议。

生：……

【设计意图】

尊重学生的意愿，激发学生的潜能，鼓励学生为自己的社区做贡献。

环节四：实践探究。

针对同学们提出的这些问题，建议同学们根据自己喜欢的选题自由组建活动小组，然后撰写成活动方案并进行展示。对于社区的发展你还有什么建议？请你用建议书的形式给社区的领导写一封信。

【设计意图】

鼓励学生自主设计活动方案，自觉地利用课余时间开展实践活动，争做社区的美容师。

环节五：展示交流。

活动方案交流展示。各小组给其他小组提出改进和完善建议。

教师建议："纸上得来终觉浅，绝知此事要躬行"。大家制订好活动方案后，请利用业余时间，自觉地清理社区的卫生，可以把你们活动的过程用照片或视频的形式记录下来，在展示时备用。

【设计意图】

做好活动前的准备工作，才能事半功倍。充分发挥集体的优势，完善各小组的方案，使行动更加行之有效。

第四课时：我为社区植新绿

【活动背景】

春暖花开人舒展，植树添绿正当时。作为社区的一分子，为倡导环保精神，进一步美化社区环境，共建绿色环保社区，我们红领巾也愿意贡献一份自己的力量，让绿色常驻我们社区。

【活动目标】

1. 让学生亲自参与社区绿化的实践过程，让学生在活动中了解绿化的重要意义和积极作用。

2. 以小组活动为主，可与其他学科和学校相关活动相结合。

3. 唤起学生的主人翁意识，培养学生参与实践活动的能力和创造性能力的开发，激发学生对社区的热爱之情。

【活动重难点】

活动重点：让学生亲自参与社区绿化的实践过程，让学生在活动中了解绿化的重要意义和积极作用。

活动难点：培养学生参与实践活动的能力和创造性能力的开发。

【活动准备】

教师准备：视频、多媒体课件。

学生准备："我为社区植新绿"活动相关的视频、图片、文字记录等材料。

【活动过程】

环节一：课堂导入。

为了创造"花儿香、草儿绿、环境优美"的花园式社区，同学们利用自己的空余时间纷纷参与到了"我为社区植新绿"的活动中，让我们一起来看看他们的风采！

【设计意图】

鼓励学生积极参与社会实践，为学生搭建展示自己的平台，培养学生的社会责任感。

环节二：小组汇报。

以小组为单位介绍自己在"我为社区植新绿"活动中完成的任务和在活动中的表现以及遇到的困难。（可以用文字、图片或视频的形式辅助介绍，增强介绍的吸引力，吸引学生投入地倾听）

【设计意图】

通过交流，满足了学生自我实现的需求，增强了学生的社会责任感和成就感。

环节三：评价反思。

1. 小组互评，给出评价。

2. 各小组给其他小组提出改进和完善建议。

3. 教师评价。

【设计意图】

让学生在交流中发现自己的不足，在交流中得到觉醒和提高。

环节四：总结提升。

社区绿化既能吸收强阳光、反射光、紫外线，从而保护人们的眼睛，又能减轻城市噪音，更能美化环境，装点人们的生活。同学们，你们的表现十分出色！这个活动给你们带来了颇多的收获！希望同学们争做爱绿护绿的小卫士，让你们的社区绿意盎然，生气勃勃！

【设计意图】

进一步让学生明确绿化社区的意义和重要性，鼓励学生参与到"我为社区植新绿"的活动中，做绿色的使者。

环节五：拓展延伸。

人人添绿色，处处环境美。社区的绿化靠大家。这个课题的研究，课时是有限的，但是爱绿、护绿的工作是长久的。希望同学们用自己的行动感召更多的人参与到爱绿、护绿的活动中。

【设计意图】

重视活动的持续性，树立学生长久的爱绿、护绿意识，自觉地当绿色的使者。增强学生服务社会的责任感和意识。

主题三：与书交朋友

书，是一叶扁舟，带你遨游在知识的海洋；书，是一驾马车，带你畅游于博大的历史道路上；书，是一双翅膀，带你领略万千世界大观……

读书，不仅是我们获得知识的重要途径，更对我们道德品质的形成有重大影响。"一本好书，可以影响人的一生。"这句话是有道理的。我们自己心中都住着一个学习的榜样。这些令我们崇拜的楷模，也可以通过阅读各类书籍所认识。我们在进行阅读时，会在潜意识中，将自己与书中所描述的人物形象进行对比，无形中也提高了个人意识和道德素质。

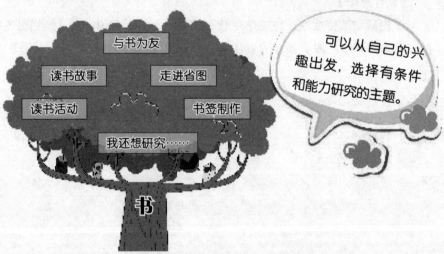

同学们如果对与书交朋友这个专题感兴趣，那就结合自己的经历和生活环境，在与同学、老师协商讨论的基础上，确定你们自己的实践活动主题，组成活动小组开展研究。当然，也可以先建立活动小组，再确定主题。

活动准备

研究主题一经确定，就需要制订一份研究计划，确保整个研究过程的有序开展，而且为研究过程和结果的评价提供了参考的框架。

研究主题：与书交朋友

研究目标与任务：

小组成员分工：

活动实施时间：

活动的主要内容及步骤：

通过与书交朋友的活动，指导学生认识到阅读的重要性，走进图书馆等系列读书活动的开展，使学生进一步爱上书籍，以书为友，树立终身学习的意识。

活动需要的条件和可能遇到的困难：

设计制作读书记录卡、小书签等动手操作活动，对于动手能力弱一些的同学，所设计的作品可能会不尽如人意……

预期研究成果：

成果表达形式：

……

> 请参考这些内容，设计自己的研究方案。

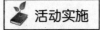 **活动实施**

查阅资料

一般而言，研究的前期工作之一，就是查阅和研究课题相关的资料，而在研究活动的过程中也还需要补充一些相关的资料。资料的查找有多种途径，可以从教师或有关专家那儿得到帮助，也可以直接去图书馆查阅，或从网上收集你所要的信息等。

与书有关的成语

白面书生	闭户读书	秉笔直书	博览群书	刺股读书	大书特书
书声琅琅	书香门第	丹书铁契	丹书铁券	读书得间	读书三到
读书三余	读书种子	书不尽言	书缺有间	废书而叹	焚书坑儒
黄耳传书	临池学书	借书留真	据鞍读书	诗书发冢	史不绝书
立地书橱	两脚书橱	囊萤照书	牛角挂书	弃书捐剑	罄竹难书
四书五经	徒读父书				

关于读书的名人名言

1. 敏而好学，不耻下问。——孔子

2. 业精于勤，荒于嬉；行成于思，毁于随。
——韩愈

你是怎样查找资料的？把你的资料与同学一起分享吧！

3. 学而不思则罔，思而不学则殆。——孔子

4. 知之者不如好之者，好之者不如乐之者。——孔子

5. 三人行，必有我师焉。择其善者而从之，其不善者而改之。——孔子

6. 兴于《诗》，立于礼，成于乐。——孔子

7. 己所不欲，勿施于人。——孔子

8. 读书破万卷，下笔如有神。——杜甫

9. 读书有三到，谓心到、眼到、口到。——朱熹

10. 立身以立学为先，立学以读书为本。——欧阳修

名人读书故事

闻一多"醉"书

闻一多阅读成瘾，一看就"醉"。他结婚当天，洞房里张灯结彩，热闹非凡。一大早亲朋好友纷纷登门贺喜，直到迎亲的花轿进门前，他还躲在书房读书。新郎找不到，急得大家东寻西找。当在书房找到他时，他仍穿着旧袍，手捧一本书，沉浸在自己的世界里。

华罗庚"猜"书

华罗庚的读书方法更是与众不同。他拿到一本书，不是从头到尾地读，而是先思考一会儿，然后闭目静思：猜想书的谋篇布局，斟酌完毕才开始阅读，如果自己猜想与作者的思路一致，他就不读了。猜读法不仅节省了读书时间，也培养了他的想象力和思维力。

张广厚"吃"书

数学家张广厚嗜书如命。有一次，他看到一篇论文，觉得对自己的研究工作很有用处，就一遍又一遍反复阅读。这篇论文20余页，他竟反反复复阅读了半年多。因为反复翻摸，洁白的书页，留下了一条明显的黑印。妻子与他开玩笑："这哪叫念书啊，简直是吃书。"

高尔基"救"书

世界大文豪高尔基对书情有独钟。有一次，房间失火，他抱起自己的书就往外跑，出来后，他又重返火场抢救他的书，为此他险些丧命。他说："书籍一面启示着我的智慧和心灵，一面帮助我在一片烂泥塘里站起来，如果不是书籍的话，我就沉没在这片泥塘里，我就要被愚蠢和下流淹没。"

山东省图书馆

清光绪三十四年（1908），湖南罗正钧任山东提学使，特详请巡使者奏立案，详述在山东创办图书馆的可能性、必要性和紧迫性。

宣统元年（1909）3月20日，由罗正钧亲自主持开工兴建图书馆。九月，图书馆建成。荣成孙葆田撰《山东创建图书馆记》。"十二月十三日，颁行《山东图书馆章程》，十二月十六日落成，抚宪题写馆名'山东图书馆'"。建址大明湖西南隅，背湖（即大明湖）面山（指千佛山），门朝东，在今天明湖"退园"碑处。创建之初，实行坐办制，定员15人。第一任坐办（即馆长）为安徽歙县人张百诚。

（资料节选自省图网站）

济南市图书馆

济南市图书馆是综合性的公共图书馆，为国家一级图书馆、全国古籍重点保护单位，始建于1953年7月1日。济南市图书馆馆舍分为新馆、老馆两部分，新馆位于西部新城的省会文化中心，建筑面积4.1万平方米；老馆位于经三路150号（中山公园西邻），建筑面积0.9万平方米，在职能上与新馆互补，主要以服务少年儿童读者为主。

（资料节选自济南市图书馆网站）

书签设计制作方法

各种各样的书签制作方法参考网址：

https://jingyan.baidu.com/article/3c343ff7f6f0af0d377963e9.html

https://www.rouding.com/shejiyushoucang/pingmianbaozhuang/25682.html

https://www.rouding.com/shejiyushoucang/pingmianbaozhuang/363861.html

https://www.rouding.com/chuantongshougong/zhidiaozhezhi/365064.html

https://www.rouding.com/life-diy/buyishijie/93782.html

http://www.shouyihuo.com/view/4395.html

参观与访问

书，是一盏明灯，照亮着我们前行的路；书，是一本字典，让我们了解未知的世界；书，是一场春雨，滋润我们干涸的心田；书，是一位老师，细心辅导我们。同学们，通过广泛的阅读，你一定会被一本本图书所吸引，遨游书海你定会"沉醉不知归路"。想想办法，最好通过自己的努力，在老师或家长的陪同下走进各种有书的场所——图书馆、书店、书吧等。

别忘了把参观过程中看到的、听到的、感受到的具体细节记录下来呀！

主要应了解：图书馆公共礼仪，如何在图书馆、书吧借阅图书？适合同学们阅读的畅销书有哪些？最受同学们欢迎的图书、作家有哪些？

访问有关单位工作人员，就你们所关心和想了解的问题，向他们请教。拜访前一定要准备访谈提纲，并事先做好联系工作。

访谈记录表

访谈主题：

访问者（学生）：

被访问者：

工作单位、职务（职称）、专业（专长）

访问方式：

电话、书面、面对面、其他

访问时间、地点：

访谈问题（提纲）：

访问记录：

……

通过访问、参观，你发现了什么？整理一下通过调查和观察获得的资料，撰写小组的调查报告和参观报告。

设计与制作

根据老师给大家提供的网址，通过网上学习，你一定对形式多样的小书签产生了极大的制作欲望，那就赶紧精心设计，开始制作一张属于自己的小书签吧！

雪人书签制作方法

一、材料

水彩笔、卡纸、剪刀、胶水、雪糕柄。

二、制作

1. 将雪糕柄用颜料涂成自己喜欢的颜色。

2. 用卡纸剪出雪人头部和装饰物，然后用水彩笔涂上自己喜欢的颜色。

3. 用胶水将它们进行组合拼装起来。

4. 完成后一个简单的雪人外形就出来了。

5. 再用水彩笔画出雪人的鼻子和眼睛。

樱花造型可爱书签

一、材料：

塑料花、松紧带、胶水、针线、剪刀、毛毡布、小珍珠。

二、制作

1. 从塑料花的根茎上剪下花瓣，剪掉一段松紧带。

2. 根据自己的需要摆放一下花朵，并将它们贴在松紧带上。

3. 在花朵上缝上花瓣形状的毛毡布，并点缀上小珍珠进行装饰。

4. 将经过加工的花朵和其他花朵贴在一起。

展览与推销

举行一次小书签展销会，将自己亲手制作的书签进行展销。注意要认真布置展台，争取把自己制作的作品推销出去。有条件的同学也可以将自己的作品放在网上进行展销。真实、及时、详细地记录下自己的感受。

设计与宣传

开展一次主题为"小书签 大温暖"活动，将自己已经阅读过的图书和自己亲手制作的小书签捐给贫困的学生。相信你的帮助可以为贫困学生打开一扇看到外面美好世界的窗。

展示与交流

1. 书的形成和发展，围绕读书我们开展过哪些活动，与"书"有关的成语，关于读书的名家名言。

2. 展示调查记录材料，交流调查过程中的典型事例和感受，汇报调查结果。

3. 小组交流活动后的感受和体验。

反思与评价

通过本课题的研究你对书有什么新的认识？在研究过程中遇到了什么问题和困难？你是如何解决问题、克服困难的？你是否认真参加每一次小队活动，努力完成自己所承担的任务？你能够主动提出研究和工作设想、建议？你能否与同学合作，善于采纳他人意见？你在研究过程中掌握了哪些研究方法？你对自己在活动中的表现满意吗？老师和同学们是怎么评价你的？

研究主题拓展

中华民族上下五千年，自汉字诞生之日起，人们便以文字记录历史。因此，阅读就成为我们了解历史、传承中华文化的主要途径。阅读面的拓宽，阅读量的加大，中华传统文化的继承与发展，这些问题需要我们一直探究下去。

课时设计

第一课时：与书为友

【活动背景】

随着社会的发展，科技的进步，知识的重要性越来越为人重视，而知识传播的主要途径就是书籍。书，对学生而言再熟悉不过了，古人云"书中自有黄金屋"，苏联大文豪高尔基说"书籍是人类进步的阶梯"，可见，书自古以来就与人们的生活有着密切的联系。

开展本活动，旨在让同学们认识书籍的重要性，使大家获得丰富的知识，提高同学们的观察能力和收集、整理资料的能力，并能进行资料筛选。

【活动目标】

1. 通过交流讨论，了解书的形成与发展，积累关于书的成语、名言，认识到书能使人获得丰富的知识。

2. 认识书的重要性，养成阅读的习惯。

3. 激发起同学们阅读的兴趣和欲望，小组内、班级内形成良好的读书氛围。

【活动重难点】

活动重点：小组汇报交流

活动难点：指导学生确立研究主题

【活动准备】

教师准备：1. 课前指导学生分小队；2. 多媒体课件。

学生准备：选择主题，收集相关资料。

【活动过程】

环节一：创设情境，配乐导入。

1. 创设情境：今天，老师给大家带来了一首与"书"有关的诗歌——《走进书的世界》。请大家赶快去读一读吧！（学生自由读）

2. 师生配乐齐读：大家读得真投入，和老师一起读读吧。

3. 全班交流：同学们读得真好！读了这首诗，你有什么感受？

4. 小结:看来，读书的好处还真不少！书是我们生活中的好友、老师、伙伴。

【设计意图】

诗歌导入，在美的体验中，学生进入主题，激发探究兴趣。

环节二：分组合作，讨论交流。

1. 课前，大家围绕"书"这一主题做了充分的准备，我们也已经分成了四个小队，下面请各小队选出自己的队长，然后围绕"书"这一研究主题，给自己小队取一个队名，并选择一条读书名言作为小队的读书口号。

2. 小队汇报。

3. 讨论交流：老师给大家提供了几个讨论主题，请大家选择其中一个作为小队的研究主题进行交流。

主题1：书的形成和发展

主题2：关于读书的名家名言

主题3：我们开展的读书活动

主题4：与"书"有关的成语

【设计意图】

集体的力量是不容小觑的，通过分小队，取名，制订口号及各环节，增强小队成员的凝聚力，有利于活动进一步的推进。小队自选话题，让同学们选取自己感兴趣的主题进行研究，激发学生的研究兴趣。

环节三：小队汇报，评价交流。

1. 第一小队汇报

（1）小队成员汇报主题。

（2）小结。

2. 第二小队汇报

（1）小队成员汇报主题。

（2）小结

3. 第三小队汇报

（1）小队成员汇报主题。

（2）小结。

4. 第四小队汇报

（1）小队成员汇报主题，师生随机评价、质疑。

（2）小结。

5. 总结

【设计意图】

实践性是综合实践活动课程最根本特点。学生通过亲身经历和切身体验，各方面能力得以有效提升。

环节四：真情感言，确立主题。

1. 通过刚才的研究，大家一定对书有了一份特殊的情感，老师为大家每人准备了一张空白小书签，你可以把自己对阅读的认识写下来，也可以将自己对书籍中感兴趣的内容记录下来！

2. 自由交流：大家写了什么？谁来把自己写的与我们分享一下？

（师生随机评价）

3. 确立研究主题：读书故事、走进省图、读书活动、设计制作

4. 总结：最后，老师想用中央十台的"子午书简"中的开场白"读书大家分享，阅读丰富人生"作为本节课的结语，并与大家共勉！

【设计意图】

通学生在思维的碰撞中，发现新问题，将问题转化为主题，引领学生将研究主题推向纵深。

第二课时：读书故事

【活动背景】

本课时以名人读书故事为主线，培养学生养成课外阅读的好习惯，学会阅读的方法，通过海量阅读，实现"求知"的愿望。通过引导学生阅读名人读书故事，与好书交友，开阔学生视野，丰富学生精神世界。

【活动目标】

1. 创设愉悦的研究氛围，让同学们深入名人读书故事。

2. 抓住书中精彩句段、文字细致品味，理解作品的思想内涵，感受

作品的内在魅力。进一步培养学生的语言表达能力、想象能力，塑造初步鉴赏能力。

3. 通过个性阅读与合作阅读，有效提升同学们的阅读兴趣和阅读能力。在阅读的过程中体会到读书的快乐。

【活动重难点】

活动重点：激发阅读的欲望。

活动难点：使学生掌握一定的读书方法，并对所阅读的书籍进行信息的梳理。

【活动准备】

教师准备：多媒体课件

学生准备：了解名家读书故事

【活动过程】

环节一：谈话导入，引入话题。

好书是知识的源泉、智慧的钥匙，让我们带着渴望、梦想，走近中外名家，追随他们的脚步，感受他们的人格魅力，探究他们走向成功的奥秘。

【设计意图】

言简意赅的语言，让学生明白本节课研究的主题。

环节二：游戏导趣，猜他是谁。

请猜一猜下面的描述写的是哪位名家？

1. 他，忧国忧民，开创楚辞体，代表作《离骚》。端午节是为了纪念他，他那伟大的爱国主义精神和洋溢着爱国主义热情的诗篇是中华民族宝贵的精神财富。（　　）

2. 他——我国历史上伟大的文学家、思想家、史学家，惨遭酷刑后，编纂出了"史家之绝唱，无韵之离骚"的千古不朽名著。（　　）

3. 他，"唐宋八大家"之一，被誉为"豪放派词宗"。其幼年曾立下宏愿，发愤识遍天下字，立志读尽人间书。（　　）

4. 她，南宋著名女词人，婉约派的著名代表。她自幼聪颖好学，年仅十几岁便才华尽显。其作品典雅清丽，充满情感，多用白描手法。（　　）

5. 她——现代著名女作家，代表作《繁星》《春水》等。（　　）

这些名人无疑是一个时代、一个民族杰出的代表。他们像星斗辉煌于当时，也似阳光灿烂于今朝。他们之所以能成就自己的辉煌，究其原因是他们对阅读的热爱，对知识的渴求。

【设计意图】

以游戏的方式引发学生的兴趣，状似玩耍，实则与无形中让孩子们了解更多。

环节三：精彩回放，感受魅力。

1. 小队交流名人读书故事

2. 全班展示交流，师生随机评价

3. 小结

听了同学们的交流，老师要为大家打 call 了。蜜蜂正因它的勤劳，才能采百花之粉，酿甘甜之蜜。同学们正因勤奋，才能博览群书，汲取丰富的知识。

4. 文章共读

老师也找了几个读书故事，让我们一起来欣赏。

现在，每个同学心中一定都有自己的阅读心得，下面我们来交流一下。

【设计意图】

学生在畅所欲言中，交往能力、沟通能力、思辨能力和解决问题的能力得以提升。

环节四：收获展示，深入研究

1. 运用"（　　　　　　　　）教会我（　　　　　　　　）"的句式交流。

2. 名人名言积累

古往今来，多少名人志士为书而狂，阅读废寝忘食。正是因为他们对阅读的热爱，成功才会垂青于他。"书中自有颜如玉，书中自有黄金屋。"下节课，我们将走进图书馆，亲身体会沉浸"黄金屋"的快乐。

【设计意图】

学生通过交流个人收获，习得阅读方法，掌握阅读方法，并尝试运用于日常阅读。

第三课时：走进省图

【活动背景】

"学会认知,学会做事,学会与他人共同生活,学会生存"四种基本素养,已成为现代社会新型人才需具备的基本素质。而本课时地走进图书馆活动,就是将学生带入更加广阔的生活中,引导学生在生活中发现问题,体验解决问题的方法,为培养学生打下理论基础。

【活动目标】

1. 通过活动让学生亲临图书馆,了解图书馆的布局,熟悉借书的相关程序,使学生在图书馆获得更多知识,培养学生的自学能力,为其终身学习打下坚实的基础。

2. 通过活动,让同学们学会利用学校的图书室、阅览室、墙体文化、走廊文化、班级文化、计算机教室等资源进行广泛阅读。

3. 在阅读的过程中让孩子体会到读书的快乐,感受阅读的多样性。

【活动重难点】

活动重点：激发阅读的欲望。

活动难点：学生学会在图书馆快速检索个人所需图书。

【活动准备】

教师准备：多媒体课件

学生准备：了解图书馆相关事宜

【活动过程】

环节一：谈话导入,引入主题。

1. 今天让我们走进图书馆,体会漫游书海的感觉。

2. 相关知识补充

环节二：走进省图,感受魅力。

1. 学生走进图书馆,了解图书馆的陈设、布局特点,以及为什么要这样布局。

2. 学习图书馆、阅览室礼仪,做文明小读者。

3. 学生学会在图书馆快速检索、选择自己喜欢的书籍,进行借阅。

环节三：走进省图，体验乐趣。

环节四：活动总结，拓展延伸。

1. 全体学生返回课堂，组内交流体验感受。

2. 各组选代表发言，师生随机评价。

【设计意图】

学生走入图书馆，浸润书海，通过图书馆相关知识、礼仪的学习，共同进步。

第四课时：书签制作

【活动背景】

设计制作课是学生思维能力培养的一种方式，同学们已经学会了一些基本的手工制作技能。而通过本课时的，为大家表现自我提供了一个崭新的舞台。同时，也进一步对学生进行传统文化技能的培养。

【活动目标】

1. 让同学们通过查找资料了解书签的历史、作用和种类。

2. 感受造型、色彩和文字的关系,促进学生创造性思维的形成。在品味、鉴赏书签过程中，感受祖国语言文字的博大精深，从而热爱阅读，热爱中华民族传统文化。

3. 发挥学生想象力，培养学生审美能力，引导学生运用不同的材质和多种方法制作书签。

【活动重难点】

活动重点:在品味、鉴赏书签过程中，感受祖国语言文字的博大精深，热爱中华民族传统文化。

活动难点:制作出一枚有独具特色的书签。

【活动准备】

教师准备:多媒体课件，制作各种书签范例。

学生准备:搜集有关书签的历史，准备制作书签的材料。

【活动过程】

环节一:游戏引入，话说书签。

1. 游戏激趣：同学们，我们先来玩儿个游戏怎么样？谁来和我比一比？请一位同学报页码，谁先翻到谁就赢。

你发现了什么？

2. 学生介绍书签的历史、作用和种类。

3. 人们的巧手和智慧创造出许多极具特色的书签，让我们一起来欣赏一下。

【设计意图】

通过游戏，点燃学生的学习热情，对小书签产生浓厚的兴趣，为下一步设计个性小书签做准备。

环节二：欣赏书签。

1. 欣赏书签（配乐）：欢迎光临——书签展览馆

2. 全班交流，随机评价：看了这么多，你想说些什么吗？

3. 小结：做书签可以用各种各样的材料。

【设计意图】

书签欣赏环节，开阔了学生视野，让学生了解到书签还可以有更多样式，还可以用更多材料进行制作。

环节三：学习方法，设计制作。

1. 老师讲述几种特色书签的制作方法，学生认真学习制作方法。

2. 提示学生制作注意事项：注意用刀安全，将废料放进塑料袋里。

3. 学生动手设计制作小书签。

【设计意图】

学生亲自动手，亲身体验，让理想变为现实。学生经历了从想到做的全过程，作品完成之时，也是他们最有成就感的一刻。

环节四：比赛展示，分享快乐。

1. 比赛展示：制作完成的同学将书签挂到黑板上去。完成作品的同学可以自由参观。

2. 作品评价：你们觉得哪一张最新颖，哪一张最漂亮？

小结：书签形状多变，图案精美，内容丰富，小小的书签不仅能给我们带来美的享受，还能帮助我们快速检索，让我们学到更多的知识。

3. 分享快乐：今天做的书签，打算怎么用呢？

（书签送恩师，表心意）

小结（书签送好友）

4. 引领延伸：对本专题感兴趣的同学可以走进生活，走进网络，继续了解书签文化。

【设计意图】

"赠人玫瑰，手有余香。"将自己精心完成的作品分享给别人，是一件幸福的事。活动中，同学们表达了自己对老师的感恩之心、对朋友的真挚友情，活动意义非同寻常。

第五课时：读书活动

【活动背景】

读书，是最美的姿态；读书，让我们的生活更加充实；读书，为我们的精神世界绘制底色，为我们的人生奠定基础。为了让每一位同学都能与好书为友，与智慧相伴，我们设计了"与书为友"读书活动，旨在让同学们在浓郁的书香中不断提升阅读品味，体验阅读带给我们的快乐。

【活动目标】

1. 通过活动鼓励同学们与好书为友，营造一种"书香班级"的良好氛围。

2. 通过活动培养学生与人交流沟通的能力，并愿意与别人分享大家共同研究的劳动成果，增强团队合作能力。

【活动重难点】

活动重点：激发阅读的欲望。

活动难点：通过活动培养学生与人交流沟通的能力，并愿意与别人分享大家共同研究的劳动成果，增强团队合作能力。

【活动准备】

教师准备：多媒体课件

学生准备：前期活动相关资料

【活动过程】

环节一：商定主题，自主选题。

1. 谈话导入

亲爱的同学们,"与书交朋友"的实践活动已经进行好一阵了,通过活动,同学们有什么收获?你们对书这个朋友有什么认识?能向大家汇报一下吗?

2. 全班交流:师生共商读书活动,活动选题。

3. 预设活动:

活动一:为自己小组设计一个阅读吉祥物

活动二:开展一次网上阅读活动

活动三:了解一件国宝,讲一个国宝故事

活动四:设计制作一枚别致的小书签

4. 各小队自主选题

【设计意图】

同学们通过自主选择主题找到自己最感兴趣的主题,增强学生的研究积极性。

环节二:制订方案,开展活动。

1. 各小队根据自己的选题,制订活动方案,合理分工。

2. 畅所欲言,小队交流。

【设计意图】

"与书交朋友"活动的整个过程,提升了学生设计、组织、解决问题的能力。

环节三:作品展示,活动总结。

1. 作品展示,听取同学们的修改意见。

2. 活动总结:小队在队长带领下自主做好活动总结。

3. 课后再选取一个主题,进行探究。

环节四:拓展延伸,活动延续。

研究主题:怎样成为一个称职的图书管理员?

【设计意图】

一个主题活动的完成,不代表活动的结束,而是通过本课题的研究,让学生自主发现由此课题延伸出的其他问题,进一步研究解决,提升学生能力。

主题四：植物的栽培

不同植物的生长特性不一样，所以栽培方法不一样，尊重植物生长规律，可以大大提高植物成活率，大力发挥植物超强的繁殖力。我们可以根据植物生长繁殖的部位，选择不同的栽培方法。

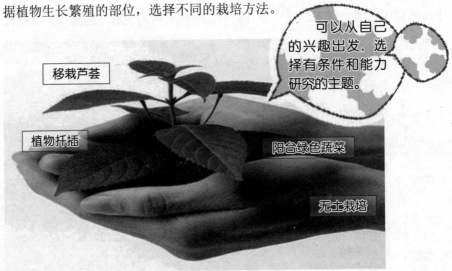

可以从自己的兴趣出发，选择有条件和能力研究的主题。

移栽芦荟

植物扦插

阳台绿色蔬菜

无土栽培

同学们如果对植物的栽培这个主题感兴趣，那就结合自己的经历和生活环境，在与同学、老师、家长协商讨论的基础上，确定你们自己的实践活动主题，组成活动小组开展研究。当然，也可以先建立活动小组，再确定主题。

 活动准备

研究主题一经确定，就需要制订一份研究计划，确保整个研究过程的有序开展，而且为研究过程和结果的评价提供了参考的框架。

研究主题：植物栽培

研究目标与任务：

小组成员分工：

活动实施时间：

> 请参考这些内容，设计自己的研究方案。

活动的主要内容及步骤：

通过学习，体验花卉、蔬菜移植栽培、植物扦插等基本常识，掌握基本的种植技能，开阔学生眼界，获得丰富的劳动经验，养成良好劳动习惯和热爱劳动人民的思想情感。让学生逐步形成时代发展所需要的科学素养、初步的创新意识和实践意识。

活动需要的条件和可能遇到的困难：

移植、扦插等动手操作活动，对于动手能力弱一些的同学，栽培过程可能会不尽如人意……

预期研究成果：

成果表达形式：

 活动实施

查阅资料

植物移植

将植物移至他处栽种称为移植。移植时尽量带着植物本来的泥土，如果必须弄掉泥土，就必须做到以下几点：1.尽量少弄断根部；2.减少叶子的数量，最好剩三到五片，减少植物体内水分散失，留下三到五片，满足植物本身光合作用即可；3.刚移植的植物必须放在阴凉处，别晒着；4.浇水不宜过多。水分太多会导致根部进行无氧呼吸，使根部腐烂，导致植物移植失败。

植物扦插

扦插与嫁接是植物繁殖的重要方法。扦插一般分为枝插、根插、叶插。

1. 枝插法：每年的 5-6 月进行嫩枝扦插。老枝可在 11 月进行。要选择健壮充实的枝条中下部进行扦插。

注意：①扦插的枝条要选最好带 3 个以上芽，3 个左右健壮的叶，将多余的叶剪掉。

②插条剪下后，不能立即插入土中，要使切口稍干燥后，再插入土中。

③把枝条的 2/5 插入适宜的土壤中，浇足水后，放在阴冷处。

④扦插后，嫩枝一般需要 30 天可成活，老枝需要 50 天左右。

2. 根插法：选中等粗细的根，将其切成 5 ~ 10 厘米根条，然后将其直插或斜插于土中，插入深度大约 3 ~ 5 厘米即可。

注意：扦插的土壤必须疏松、通气并保持湿润，并保持一定的温度。

3. 叶插法：剪取可以叶插植株的叶片，将其叶柄插入土中进行繁殖。

无土栽培

无土栽培是近几十年来发展起来的一种作物栽培的新技术。作物不是栽培在土壤中，而是种植在溶有矿物质的水溶液（营养液）里或在某种栽培基质中，用营养液进行作物栽培。由于不使用天然土壤，而用营养液浇灌来栽培作物，故被称为无土栽培。无土栽培的作物通常生长发育良好，产量高，品质上乘。无土栽培脱离了土壤的限制，极大地扩展了农业生产的空间，使得作物可在不毛之地上进行生产，发展前景非常广泛。

https://baike.baidu.com/item/%E6%97%A0%E5%9C%9F%E6%A0%BD%E5%9F%B9/425725?fr=aladdin

参观与访问

走进园林、蔬菜种植基地，向工作人员请教了解植物栽培、移植的基本方法和无土栽培需要什么样的环境和条件。

别忘了把参观过程中看到的、听到的、感受到的具体细节记录下来呀！

访谈记录表

访谈主题：

访问者（学生）：

被访问者：工作单位、职务（职称）、专业（专长）

访问方式：电话、书面、面对面、其他

访问时间、地点：

访谈问题（提纲）：

访问记录：

🌱 展示与交流

1. 植物栽培的历史和方法。

2. 交流访问过程中搜集到的植物栽培的方法和经验。

3. 小组交流访问后的感受。

4. 展示自己实验成果。

🌱 反思与评价

在研究与种植的过程中，你遇到了什么问题和困难？你是如何解决问题、克服困难的？你是否认真参加每一次小队活动，努力完成自己所承担的任务？你能够主动提出研究方法和建议？你是否学会了与他人合作？你在植物种植的过程中掌握了哪些方法？

研究主题拓展

你认为无土栽培技术在我们地区有推广的价值吗？

课时设计

第一课时：移栽芦荟

【活动背景】

植物种植就在学生身边，日常生活中，学生经常接触花卉的养殖，如何移植花卉也就成了养殖过程中会时常遇到的问题，本节课就以移植芦荟为例，教会学生植物移植的方法。

【活动目标】

1. 通过引导学生看图、分析资料等方式，初步了解移栽植物的基本方法，掌握芦荟的移植方法。

2. 引导学生学习填土、培土的要求及方法。

3. 通过移栽芦荟、管理花卉，培养学生热爱自然的高尚情操，培养学生养成热爱劳动的好习惯。

【活动重难点】

活动重点：了解芦荟的特点及移栽的方法。

活动难点：学习芦荟的移栽步骤。

【活动准备】

教师准备：芦荟，有关移栽芦荟的图片、视频、工具。

学生准备：芦荟、移植工具。

【活动过程】

环节一：创设情境，导入新课。

介绍芦荟：大自然中有很多美丽的花草树木，它们美化了环境，净化了空气，令我们身心愉悦。今天我们就一起来认识一种集食用、药用、美容、观赏于一身的植物，大家猜猜它是谁？（生：芦荟）

师：今天我们就认识芦荟。（课件出示芦荟图片）

芦荟在民间被作为美容、护发及治疗皮肤类疾病的天然药物。芦荟易于种植，是一种花叶兼备的观赏性植物。家里的芦荟有时会冒出一些小芦荟，我们可以将其移植出来，单独成盆。今天我们就来学习移栽芦荟的方法。（板书课题——移栽芦荟）

【设计意图】

通过对芦荟的介绍，激发学生的好奇心、学习欲。

环节二：探究学习 ，合作交流。

1. 小组交流，芦荟知多少。

请同学们说一说你对芦荟有哪些了解。

2. 教师简单总结芦荟的特点。

3. 教师以微视频的形式讲解移栽芦荟的基本步骤。

4. 学生回顾总结移栽芦荟基本步骤：

（1）找到花盆中冒出来的小芦荟。

（2）小心将其挑出。

（3）将准备好的花盆底部放入少量土。

（4）种植芦荟。用手轻轻捏住芦荟放入盆内泥土中，放正、放直，必须保证根部舒展。

（5）培土。用土壤把根部均匀盖住，填土的深度与移栽前的深度一致最为合适。要用手把土轻轻整平，不需要压紧。

（6）浇水。将花盆放置在阴凉处，浇上少许水。

【设计意图】

通过师生交流，引导学生知道芦荟的移植步骤及方法，为学生自己动手移栽芦荟打下理论基础。

环节三：移植实践，感受过程。

1. 学习了移栽芦荟的步骤，同学们是不是特别想自己动手试一试呢？

2. 学生分组实践，教师巡视指导。

【设计意图】

通过学生动手实践，锻炼学生的动手实践能力。

环节四：展示作品，体验成功。

1. 展示作品：请同学们把自己的作品向大家展示一下。

2. 学生评价：看看他有哪些优点？有哪些需要改进？

3. 教师对展示提出建议，要以鼓励为主，让学生从中体验到成功的快乐。

4. 学生反思总结：通过学习你有了什么收获？

5. 学生交流移栽芦荟还有什么注意事项。

（1）芦荟移栽后叶片焉了怎么办？

（2）芦荟根部受损了怎么办？

（3）移栽的芦荟沤根了怎么办？

【设计意图】

通过交流芦荟移栽的注意事项，引导学生关注移植中的学问。

环节五：拓展延伸，探索创新。

今天我们学习了芦荟移栽的方法以及需要注意的问题，课下请同学们用我们学习的知识去尝试移栽风信子、水仙等植物吧！

【设计意图】

通过课后拓展，引导学生继续探究植物移栽的方法，陶冶学生热爱生活的高尚情操，培养审美情趣。

第二课时：植物的扦插

【活动背景】

通过本节课的学习活动，让学生学会扦插的繁殖技术，提高学生的动手实践能力和合作意识，激发学生探究新技术的兴趣，开阔学生视野，体验劳动带来的快乐。

【活动目标】

1. 通过交流有关植物扦插的相关资料，让学生了解植物扦插的相关知识，学会扦插这种常用的植物繁殖技术。

2. 通过本节课实践，激发学生探究新技术的兴趣，培养学生的自主探索精神。

3. 通过动手扦插实践，感受到与他人合作的快乐，培养学生的审美情趣，树立正确的劳动价值观。

【活动重难点】

活动重点：植物扦插的基本知识与方法。

活动难点：植物的修剪与扦插。

【活动准备】

教师准备：多媒体课件、视频、可以扦插的盆栽等。

学生准备：搜集植物扦插资料、问题探究表、盆土、喷壶、剪刀、卡纸等。

【活动过程】

环节一：赏花激趣，导入新课。

1. 春天是万物复苏、百花盛开的季节，我们一起来欣赏一组美丽的绿色植物，如果你认识，就请一起说出她们的名字吧。

2. 这些植物美不美？你想拥有它们吗？用什么方法可以得到？（引出课题《植物的扦插》）今天这节课我们就来学习植物的扦插。

板书课题：植物的扦插

【设计意图】

教师通过精美的视频和与学生的亲切谈话，激发学生对绿色植物的热爱之情，激发自己扦插培育一株美丽绿色植物的欲望。

环节二：探究实践，组织交流。

检查自主学习情况，小组交流《植物扦插》活动探究表。

序号	探究问题	探究成果
1	植物扦插及其特点	
2	可以扦插的植物	
3	植物扦插的分类	
4	植物扦插的方法	

2. 小组代表交流汇报：

（1）植物扦插及其特点。小组代表汇报。

教师小结，课件展示：

扦插繁殖是指把植物营养器官的一部分，插入疏松润湿的土壤、细沙或者水里，利用它的再生能力，生根抽枝，成为新植株。扦插是植物繁殖最常用的方法之一，具有繁殖速度快、易采集等特点。

（2）你了解的可以扦插的植物。

请学生说说自己知道的扦插繁殖的植物。

师：我们刚才视频中看到的植物，都是可以扦插繁殖的。

（3）植物扦插的分类。

小组代表汇报探究的扦插分类知识。

教师课件展示植物扦插分类。

按扦插季节分类	按扦插基质分类	按扦插材料分类
春插	土插	叶插
夏插	沙插	根插
秋插	水插	枝插
冬插	蛭石插	芽插

（4）植物扦插的方法。

请问哪位同学曾经扦插过植物，跟谁学习的？给大家介绍你植物扦插的方法。

学生上台演示并介绍植物的扦插方法。

老师也很喜欢养花，我在网上搜集到了月季花的扦插视频，我们来一起学习。请大家思考总结：植物扦插的方法，各步骤注意的问题。

观看视频《月季花的扦插方法》。

学生总结：植物扦插的方法，各步骤注意的问题。

教师课件展示总结。

植物扦插方法：（课件展示）

选择插条：枝条健壮、营养丰富，当年生半木质化枝条。

修剪插条：上端平剪、下端斜剪。保留少量叶片，多余剪去，防止水分过度蒸发。

准备沙土：沙、土各半掺匀，去掉大块石子，装入盆中，离盆口约一厘米。

插条入土：扦插深度适宜，插入土中约三厘米。浇透水，保持通风、温度和湿度。

【设计意图】

此环节的出现是本节课的重点，通过学生自主探究和教师指导，了解了扦插的知识，学习扦插的方法，为下一步学生动手扦插做好基础，引发学生进一步探究的兴趣。

环节三：动手实践，挑战自我。

学生上台演示修剪扦插月季的过程。

学生操作，教师指导，学生评价。

【设计意图】

通过学生演示，教师指导，师生评价，让学生准确地掌握扦插的技能，为下一步自己动手操作打好基础。

环节四：小组合作，动手扦插。

大家今天探究了植物扦插的方法、步骤，想不想来扦插一盆自己喜爱的绿色植物呢？

请小组分工合作，完成扦插。动手前请看我们的活动约定：（课件出示）

1. 小组分工合作，共同完成扦插。

2. 保持卫生，使用工具注意安全。

3. 扦插完成后，整理好工具。

4. 将桌面整理干净。

5. 填写、粘贴管护卡。

【设计意图】

学生通过亲身经历和切身体验，发展交往能力、沟通能力、动手操作的能力。

环节五：展示交流，评价激励。

班内交流，展示作品，畅谈自己的收获。

环节六：总结提升，拓展延伸。

这节课我们探究了植物的扦插技术，植物扦插好了，要想让它成活，让它生根、发芽、开花，就要精心地呵护它，我们该如何进行扦插后的管理呢？请大家继续探究。可以写一份观察日记，记录扦插植物的成长和你的劳动心得。把我们的作品放在教室，精心管理呵护，看谁的培育的新生命更茁壮。

劳动创造了美好的生活，也给我们带来了快乐。同学们，快快行动起来，用你们勤劳的双手，去创造属于我们的美好人生、美丽世界！

第三课时：阳台绿色蔬菜

【活动背景】

阳台种菜是指在家里的阳台上种植菜。阳台种菜一般不会使用农药和肥料，是一种健康的生活方式，同时也能陶冶情操。本次主体活动，主要目的是提高学生动手能力，学会基本的种植方法，激发学生对植物栽培的浓厚兴趣。

【活动目标】

1. 通过让学生参与种植和管理，掌握油菜种植方法、生长规律和价值。

2. 学会阳台种植的基本方法，掌握基本的劳动技能。

3. 通过学习蔬菜的基本栽培技术，获得丰富的劳动经验，培养热爱劳动的良好习惯。

【活动重难点】

重点活动：了解阳台绿色蔬菜种植的方法及注意事项。

难点活动：掌握油菜种植方法、生长规律和价值。

【活动准备】

教师准备：课件

学生准备：有关种植方法的资料

【活动过程】

环节一：谈话导入。

1. 教师：我们吃的蔬菜大部分是在田里生长的。你们知道其他的种植方法吗？

学生交流谈论。

教师：城市中的人们，可以因地制宜，在阳台上种菜。不但翠枝绿叶和累累硕果可以装点居室，还可以吃上自己种的绿色蔬菜。那阳台上种菜的方法和基本条件是什么呢？哪些蔬菜适合在阳台种植？今天我们就来一起探究。

【设计意图】

通过学生的讨论以及教师的谈话，激发学生探究阳台种植蔬菜的欲望。

环节二：学习与探究。

1. 教师谈话：要想在阳台上种植蔬菜，我们需要讨论一下：哪些蔬菜适合在阳台上种植？在阳台上种植蔬菜需要具备什么样的条件？在阳台上种植蔬菜怎样浇水、施肥呢？

2. 小组探究讨论。

交流、探索阳台种植蔬菜的方法及步骤。

4. 教师总结并课件演示阳台种植油菜的方法及步骤。

（1）首先容器，如泡沫盒、瓦盆等。选择合适的

（2）放入适量的土，在土上并排挖几道小沟，撒上种子。用土把种子覆盖，然后喷上水。

（3）油菜长大一点儿时进行间秧，拔掉一半留一半。

【设计意图】

通过课件演示互相交流，使学生了解阳台种植的基本方法及步骤，知道蔬菜种植的注意事项，激发学生探究阳台绿色蔬菜的欲望。

环节三：实践与体验。

1. 师：植物的生长是个漫长的过程，今天我们学习了如何在阳台种植油菜，同学们在家进行种植，并写下你的种植日记。

2. 师：如果天气比较冷，我们用什么样的方法让油菜尽快发芽？

3. 生交流讨论，总结：可以覆盖保护膜或者放到有暖气的地方，放到日照比较好的地方。

环节四：拓展延伸。

同学们也可以选择喜欢吃的蔬菜，如菠菜、白菜等，在阳台上种植。让家人尝尝自己种植的新鲜蔬菜。

【设计意图】

拓展延伸的设置，引导学生做事情要持之以恒，坚持不懈，同时可以丰富学生的劳动生活经验，体验劳动人民的辛勤劳动，学会珍惜劳动成果。

第四课时：无土栽培

【活动背景】

无土栽培技术的出现，使农业生产有可能彻底摆脱自然条件的制约，完全按照人的愿望，向着自动化、机械化和工厂化的生产方式发展。这对于缓和及解决地球上日益严重的耕地问题，有着深远的意义。

【活动目标】

1. 引导学生初步了解无土栽培技术。

2. 引导学生学会无土栽培的基本方式方法。

3. 通过体验无土栽培，培养学生的科学态度、创新精神。

4. 了解无土栽培的优点和对农业生产的积极意义。

【活动重难点】

重点活动：引导学生认识无土栽培的优点。

难点活动：了解无土栽培的原理、方法。

【活动准备】

教师准备：课件

学生准备：搜集无土栽培的资料

【活动过程】

环节一：创设情境，导入新课。

1. 师：同学们，你们知道植物生长都是需要什么条件吗？你见过离开土壤也能生长的植物吗？

2. 随着科学技术的发展，人们在不断探索新的植物种植方式。有些植物离开了土壤也能生长，我们把这种种植方式叫作无土栽培。

【设计意图】

通过交流，激发学生探究新型种植方式的欲望。

环节二：探究无土栽培。

1. 师：你了解无土栽培技术吗？

（1）没有土壤，植物靠什么生长？

（2）无土栽培的优点有哪些？

（3）什么样的条件下进行无土栽培？

2. 小组讨论，学生交流。

【设计意图】

通过提出问题和解决问题，引导学生了解无土栽培的相关知识，激发学生进一步探究无土栽培的欲望。

环节三：实践操作。

1. 师：我们对无土栽培有了初步的了解，接下来我们亲自动手体验一下。

2. 指导学生用草炭和珍珠岩或草炭和蛭石的混合基质做无土栽培种植黄瓜的实验，教师巡视指导。

生三人一组，借助多媒体提示，合作完成一个无土栽培种植黄瓜的实验。

（1）准备好用乳白色不透明的或白色在外的黑白双面塑料薄膜制成的栽培袋。

（2）准备草炭和珍珠岩或草炭和蛭石的混合基质，加适量水，混合装袋。

（3）播种深度约 $1-1.5cm$，上盖一层蛭石或珍珠岩。播后用清水浇透。

（4）种植的黄瓜放在光照充足的地方，然后保湿催芽。

【设计意图】

通过学生动手操作种植水培黄瓜，让学生亲身体验无土栽培技术，培养学生的动手实践能力。

环节四：展示作品。小组展示作品，师生互评。

环节五：总结延伸。你们认为无土栽培技术有什么样的推广价值？

【设计意图】

通过课后的延伸，激发学生继续研究无土栽培的欲望。

主题一：关于垃圾的调查与研究

　　垃圾包袱已成为我国沉重的负担。目前全世界每年约产生 4.9 亿吨垃圾，其中中国就产生 1.5 亿吨。我国城市生活垃圾累积堆存量超过 65 亿吨，侵占约 35 亿平方米土地，全国 660 多个城市中，已有 2/3 的大中城市被垃圾包围，有 1/4 的城市被迫将解决垃圾危机的途径延伸到乡村，导致垃圾二次污染，城乡结合区域的生态环境迅速恶化。因此，垃圾问题已成为我国城市环境卫生必须面临的最紧迫的问题之一。

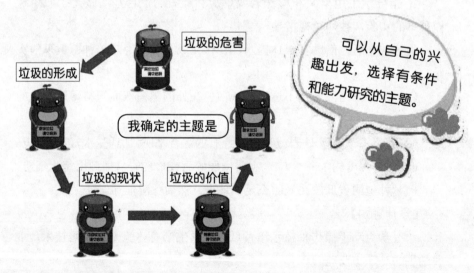

　　同学们，如果你对关于垃圾的调查与研究这个课题感兴趣，那就结合自己的所见，在与同学、老师协商讨论的基础上，确定你们自己的实践活动主题，组成活动小组开展研究。当然，也可以先建立活动小组，再确定主题。

活动准备

　　提出有趣的活动主题，研究主题一经确定，就需要制订一份研究计划，确保整个研究过程的有序开展，而且为研究过程和结果的评价提供了参考的框架。

　　研究主题：关于垃圾的调查与研究

　　研究目标与任务：

　　小组成员分工：

　　活动实施时间：

　　活动的主要内容及步骤：

请参考这些内容，设计自己的研究方案。

　　请根据我们的学习生活，设计一系列的活动，通过查阅资料、调查研究，合作交流等活动形式，了解校园垃圾以及社会垃圾的来源、危害，怎样合理处理等，建议同学们向学校提出合理建议，以真实的校园生活为背景，在真实的生活中去发现问题、探究问题、解决问题，积极参与环保实践活动，增强环保意识。

　　活动需要的条件和可能遇到的困难：

　　查阅关于研究主题的资料、设计并完成调查表格、变废为宝等动手操作活动，动手能力弱一些的同学，所设计的作品可能会不尽如人意……

　　预期研究成果：

　　成果表达形式：

　　……

 活动实施

　　查阅资料

　　了解垃圾有关的资料，走近环境、关心环境、爱护环境。途径：报纸、电视、网络。

小资料

城市垃圾的现状

据报道，中国约有2/3的城市陷入垃圾围城的困境。我国仅"城市垃圾"的年产生量就近1.5亿吨，这些城市垃圾绝大部分是露天堆放。它不仅影响城市景观，同时污染了与我们生命至关重要的大气、水和土壤，对城镇居民的健康构成威胁，垃圾已成为城市发展中的棘手问题。垃圾不仅造成公害，更是资源的巨大浪费。每年年产1.5亿吨的城市垃圾中，被丢弃的"可再生资源"价值高达250亿元！北京市现日产垃圾13000吨，全年产生495万吨，而且每年将以8%的速度递增。我国目前处理生活垃圾的方法除露天堆放外，还有卫生填埋，这种方法避免了露天堆放产生的问题，其缺点是建填埋场占地面积大，使用时间短（一般十年左右），造价高，垃圾中可回收利用的资源浪费了；再是焚烧，使垃圾体积缩小50%～95%，但烧掉了可回收的资源，释放出有毒气体，如二噁英、电池中的汞蒸汽等，并产生有毒有害炉渣和灰尘；第四种是堆肥，这种方法需要人们将有机垃圾与其他垃圾分开才行，它具有很好的发展前景。北京市现处理一吨垃圾花103.49元，一年的处理费用就是5亿多元。这还不包括建设垃圾处理场的费用，建一座大型垃圾填埋厂就得花1～2亿元，建一座大型垃圾焚烧厂就得花20多亿元，这又是一笔很大的支出。当前大量未经分类就填埋或焚烧垃圾，既是资源的巨大浪费，又会产生二次污染。

城市垃圾的价值

事实上，我们天天在丢掉着大量的可回收物，以上所述的废弃物只是总量的一角。据北京市环保基金会统计，北京市年产垃圾中有废塑料36.2万吨，而一吨废塑料可生产0.37～0.73吨油；每回收一吨饮料瓶塑料可获利润8000元。有废纸38.8万吨，每回收一吨废纸，可造好纸0.85吨，节省木材3立方米，节省碱300公斤，比等量生产好纸减少污染74%。有废玻璃15万吨，利用碎玻璃再生产玻璃，可节能10～30%，减少空气污染20%，减少采矿废弃的矿渣80%。有废电池2.37亿支，利用废电池可回收镉、镍、锰、锌等宝贵的重金属，同时可减少重金属对环境的污染及对人体健康的危害。有废金属3.5万吨，每回收一吨废钢铁，可炼好钢0.9吨，可减少75%的空气污染、97%的水污染和固体废物，比用矿石炼钢节约冶炼费47%。有废食品草木121.3万吨，每回收一吨这类垃圾，可生产0.6吨有机肥，也可生产垃圾燃料，作为发电、供热的燃料。

实行源头减量化

从源头减少垃圾的产生，是削减垃圾山最有效的措施。1. 净菜上市。过去北京市秋末冬初，大街小巷堆着脏兮兮的白菜帮子，环卫工人用大卡车不断地往外运，而现在菜帮还田，净菜上市，脏的景象消失了；2. 有价提供塑料袋。治理白色污染必须从源头减少。政府应禁止菜贩无偿提供塑料袋，迫使人们提起布袋子和菜篮子；3. 商家回收产品包装物。一些大的家用电器多为上门维修，商家送货到家后，负责收回包装物再次利用（北京双鹤制药厂已实行回收）；4. 简化包装。在保障商品质量的前提下，减少包装的重量和体积。1996年4月生产的"舒肤佳"肥皂，其合重7.8克，现重7.4克，每块肥皂包装减重0.4克，若300万户每月用1块，一年就节省14.4吨纸的消耗，同时也是减少了14.4吨的垃圾；5. 抵制豪华包装。物品包装量远远超过物品重量，产生大量废弃物，应对这类厂家加收污染税。

合利用资源化

以废弃的塑料、纸为主要原料压制成的HB复合板，可取代各种板材，在建筑等多方面有广泛的用途。该生产工艺有回收材料、分类、清洗、干燥、切碎等9个工序，如果将废塑料和纸从丢弃人手中分类放置，就都是较干净的，在回收利用时，可以除去分类、清洗和干燥等工序，这既节省了清洗用水，又能减少污水的产生，还能节约能源和劳力。

据美国新兴预测委员会和日本科技厅等有关专家的预测，未来10年间，全球在能源、环境、农业、医药等领域将出现10大新兴技术，其中有关垃圾处理的新兴技术被排在第二位。垃圾处理产业将成为21世纪新的经济增长点。一些城市已在做了，大庆的垃圾处理厂投入运行后，不仅可将大庆市所有的城市垃圾（800吨）都"吃光"，而且能日产350吨有机化肥，创利4000万元人民币，特别是还能优先安置下岗工人再就业。1999年1月12日的《科技日报》报道了深圳新发明科技开发有限公司利用废泡沫塑料，自行研制开发出了醇酸改性环保漆，投资200万元就能使年产值达到1000万元，利润2000万元，当年即可收回投资。可见，城市垃圾处理产业不仅可从垃圾中捞回250亿元的损失，还能新创经济效益数百亿元，并由此带来生活环境清洁与舒适的社会效益，更何况还能创造可观的再就业机会。

参观与访问

学校垃圾是怎样处理的？怎样全方位地了解学校垃圾处理状况？学校在垃圾分类与处理方面采取了哪些措施？想想办法，联系到相应的部门进行参观访问。注意参观前一定要想好问题，参观过程中注意观察和思考。

除了参观，我们还可以采访居民区、饭店、风景区，向他们了解垃圾给他们生活带来怎样的影响，目前垃圾的分类和处理还存在哪些问题。

实地调查

要想准确了解学校垃圾处理问题，还需要自己亲自实地调查一下。到垃圾存放的地方去实际感受和观察一下，分析产生问题的原因，尝试提出解决问题的建议。

设计与宣传

看过这么多有关垃圾的分类与处理的资料，你一定也想自己动手设计学校垃圾分类与处理方案，那就赶紧设计一种，并把你的设计方案向学校宣传推荐吧。

 展示与交流

1. 展示所收集的有关文字资料和图片资料、制作的设计方案。

2. 展示调查记录材料，交流调查过程中的典型事例和感受，汇报调查结果。

3. 组内交流活动后的感受和体验。

4. 交流、展示主题为"垃圾与环境保护"的影视文学作品。

 反思与评价

在本主题的实践活动中，你对垃圾的调查与研究有了哪些新的认识？你在研究过程中遇到了哪些困难？你是怎样克服这些困难的？你提出的解决学校垃圾问题的对策合理吗？整个活动过程中你有哪些体会？

你认为本主题活动中的实地调查有没有更好的方案？如何改进调查的结果会更准确？你对自己在活动中的表现满意吗？老师和同学们是怎么评价你的方案的？请向有关部门提出自己的处理建议。

研究主题拓展

通过走进社区、学校、家庭，我们了解了垃圾的产生、分类与处理。旧报纸等废品是如何再利用的呢？让我们再去了解一下吧！"

课时设计

第一课时：垃圾的危害

【活动背景】

近年来，生活垃圾日益增长，随处可见，人们每天制造的生活垃圾不计其数，而地球只有一个，如果人类再继续这样下去的话，地球将会被人们所"创造"的生活垃圾所淹没，所以对于生活垃圾的解决刻不容缓！本次综合实践课就想通过这次调查研究，向人类揭示生活垃圾的日益增长对人类生活的危害，号召与发动越来越多的人达成共识，增强环保观念。

【活动目标】

1. 通过参观、访问、探究等多种活动方式,培养学生综合运用各科知识、收集、处理信息的能力,逐步养成善于观察、勤于思考、勇于探究的行为习惯。

2. 通过小组分工合作,培养学生分工协作、团结进取的合作意识,养成合作品质,融入集体。

3. 通过本次实践的活动,让学生懂得保护环境的重要性,知道每个人都应当维护环境卫生。

【活动重难点】

活动重点:设计调查表

活动难点:思考垃圾的危害

【活动准备】

教师准备:调查表、资料。

学生准备:了解垃圾的危害。

【活动过程】

环节一:亲切谈话,导入活动。

1. 出示地球图片:我们只有一个地球,但地球的每个角落都散布着垃圾,就连蔚蓝色的海洋也受到了垃圾的污染。我们一块儿来了解垃圾的危害。

2. 出示"阅读小频道",了解有关垃圾的危害。

【设计意图】

从世界环境日入手,引出环境问题最突出的就是垃圾。增加学生探究的欲望。

环节二:学文明理,交流反馈。

垃圾问题已成为我国城市环境卫生必须面临的最紧迫的问题之一。但是,由于我国人民环境保护意识的淡薄,城市生活垃圾的治理水平不高,长期堆放的垃圾不仅侵占土地,而且造成严重的环境污染,引起人类的急性或慢性中毒。垃圾发酵产生的有害气体可引起支气管炎、肺炎等疾病。

同学们,如果垃圾不及时处理,将会有哪些危害?如果任意堆放,我们的生活环境将会变成什么样子?

【设计意图】

通过交流讨论，帮助学生深刻认识垃圾的来源、危害。

环节三：以理促行，互动探究。

1. 制订小组活动计划：

每组一张计划表，由组长组织组员交流讨论，然后认真填写完成。

2. 交流计划表：

各小组选出发言人阐述本组的主要观点，其他同学提出改进的意见。

【设计意图】

综合实践活动课程的最根本特点就是实践性。强调学生的亲身经历，要求学生积极参与到各项活动中去。学生通过讨论认识到垃圾对环境的危害，制订研究计划，实施有计划的调查研究，提高实践的有效性。

课题名称			
组名		成员姓名	
研究任务			
研究过程	时间： 地点： 方法：		
研究记录 （收集到的信息并 归纳整理）	（可自行附页）		
初步结论			
提出的建议			
自我评价	优秀	良好	一般
家长评价	优秀	良好	一般
同学评价	优秀	良好	一般

第二课时：垃圾的形成和来源

【活动背景】

综合实践活动注重学生的亲身经历和积极实践，注重学生在活动过程中的体验和感受。学生已在上节课充分认识了垃圾的危害。我们必须对垃圾的形成和来源给予充分的认识，才能更好地垃圾问题。

【活动目标】

1. 知道日常垃圾是怎样产生的。了解人们生活质量与环境的关系，知道好的环境离不开大家的努力。在实践的过程中增强社会交往能力。

2. 培养运用调查、访问等主要手段收集信息、处理资料，并学会整理、分析资料，能得出自己的结论，提高学习水平。

3. 通过围绕垃圾的形成和来源这一主题，探究生活中的某一问题的实践活动，激发学生关心社区、关注生活的思想感情。

【活动重难点】

活动重点：知道日常垃圾是怎样产生的。

活动难点：培养运用调查、访问等主要手段收集信息、处理资料的能力。

【活动准备】

教师准备：课件

学生准备：调查家庭一天的垃圾情况

【活动过程】

环节一：亲切谈话，导入活动。

1. 想一想：我们日常生活中产生了哪些垃圾？是怎样产生的？又是如何处理的？

2. 学生小组交流讨论一天中产生了哪些垃圾，该如何处理。

板书课题：垃圾的形成和来源

【设计意图】

通过与学生的亲切谈话，让学生结合自己的生活经验畅所欲言，学生体验到日常生活中垃圾是怎样产生的，为后面的调查研究做铺垫。通过师生交流，揭示活动，激发探究兴趣。

环节二：完成实践练习一。

1. 写出来自我们生活的垃圾都有哪些。

2. 填写有关垃圾名称和垃圾来源的表格。

垃圾来源 垃圾名称				

3. 大家议论日常生活垃圾的产生。

【设计意图】

通过此环节，学生对常见垃圾及其来源有了深入认识。

环节三：展示交流，总结提升。

学生汇报收集到的生活垃圾的资料。

现在我们来讨论垃圾的来源，垃圾来自哪里？（请生汇报）

食品垃圾：主要指人们在买卖、储藏、加工、食用食品的过程中所产生的垃圾。这类垃圾有很强的腐蚀性，分解速度也快，并会散发恶臭。

普通垃圾：主要指废弃纸制品、废塑料、破布及各种纺织品、废橡胶、破皮革制品、废木材及木制品、碎玻璃、废金属制品等。

普通垃圾和食品垃圾是城市垃圾中可回收利用的主要对象。

建筑垃圾：主要指泥土、石块、混凝土块、碎砖、废木材、废管道等。这类垃圾一般会由建设单位自行处理，但也会有一部分的建筑垃圾进入城市垃圾中。

清扫垃圾：主要指公共垃圾箱中的物品、路面损坏后的废物等。

危险垃圾：主要指干电池、日光灯管等化学和生物危险品，易燃易爆物品以及含放射性物的废物。这类垃圾一般不能和普通垃圾混放。

【设计意图】

通过问题的交流，让学生在交流中产生思维的碰撞，引发学生对垃圾产生进一步探究的兴趣，更加有效地指导学生的活动。

环节四：评价反思，课下完善。

同学们，人类只有一个地球，它是人类赖以生存的自然资源，人们要过上幸福生活，就必须自觉地保护环境，希望大家从小树立环保意识，好好学习，掌握先进技术，长大后，用我们的知识，解决环保中的高消耗、高污染的难题，能够变废为宝，建设一个美丽的绿色家园！

【设计意图】

认识到保护环境刻不容缓。

第三课时：垃圾的现状

【活动背景】

通过前面的调查研究，合作交流，学生对垃圾的危害、来源都有了一定的认识，垃圾问题的现状是怎样的？有没有合理的解决方案，这节课我们一起来学习。

【活动目标】

1. 学生通过调查的资料，了解垃圾的现状。

2. 培养学生的分析能力，锻炼他们独立思考的能力。

3. 感受垃圾给我们带来的灾难，使学生萌生爱护环境的责任感和保护环境的危机感。

【活动重点】

1. 对自己搜集的资料的分析。

2. 对环境的责任感和危机感的情感。

【活动准备】

教师准备：课件

学生准备：搜集垃圾现状的资料

【活动过程】

环节一：创设情境，提出问题。

出示《垃圾的现状》的资料，让学生思考：垃圾现在的情况是什么样子的？

小结：随着经济的发展和人民生活水平的提高，垃圾处理的问题日益突出。我国 668 座城市，2/3 被垃圾环带包围。这些垃圾埋不尽，烧不完，造成了一系列严重危害。

【设计意图】

对垃圾的现状有清楚的认识。

环节二：合作交流，完成统计。

1. 我一天产生垃圾种类、数量。

2. 我家一天产生的垃圾种类、数量。

3. 我们班级一天产生的来垃圾种类数量。

4. 大家讨论收集情况。

【设计意图】

结合学生的生活实际，让他们认识自己身边的垃圾现状。

环节三：搜集资料，展示汇报。

1. 上网查阅整理各种生活垃圾的图片和资料。

2. 谈谈自己在收集各种生活垃圾的过程中的感受，并用文章或者图画的形式，在班级内交流展示。

【设计意图】

通过查阅资料，调查身边的垃圾现状，理解垃圾处理问题与实际生活的联系。

第四课时：垃圾的价值

【活动背景】

通过前面几节课的学习，学生已经对垃圾的现状、危害有了清楚的认识。但是，对于垃圾的价值还没有清楚的认识，这节课将从另一个角度让学生对垃圾问题有全面的认识。

【活动目标】

1. 让学生认识到垃圾的价值。

2. 认识到可以变废为宝，充分感受利用垃圾的价值。

3. 从小树立科学观念，能够重复利用一些废品，为人类环境做出自己的贡献。

【活动重难点】

活动重点：认识垃圾的价值

活动难点：培养科学的垃圾处理观念

【活动准备】

教师准备：课件

学生准备：变废为宝所需的废品

【活动过程】

环节一：创设情境，提出问题。

师出示由废可乐罐做成的小凳子。

师问：同学们，好看吗？你们知道这是什么制作的吗？

生：废可乐罐。

师：对，垃圾废物。你看垃圾也有它自身的价值。这节课我们就来看看垃圾有什么价值。

【设计意图】

让学生从漂亮的手工艺品，直接感受垃圾的可再利用价值。

环节二：阅读资料，寻找启发。

资料袋：城市垃圾的价值

在一些城乡接合部，一堆堆高高的垃圾山上，经常会有一群男女老少，戴着手套、口罩，拿着工具，他们不顾弥漫着的臭气和蚊蝇的叮咬，忙着翻腾、挖掘和拾拣，已有人在垃圾中发现财富。毫无疑义，垃圾中蕴藏着资源。那么，我们日常生活的丢弃物究竟有多少可以利用？请看下面这些数据：

牙刷：北京口腔医院监制的中学生牙刷，重9.1克，若3个月换一把，按北京市人口1200万计算，全年丢掉的牙刷重是436.8吨。这还没将宾馆丢弃的一次性牙刷计算在内。

牙膏：净含量120克装的"高露洁"全效含氟牙膏，其纸盒重14.9克，牙膏皮重16克，若每户一月用1支，300万户人家一年丢弃1112.4吨废纸和牙膏皮；3、肥皂：净含量125克"舒肤佳"肥皂，其纸盒重7.4克，若300万户每月用1块，一年就丢弃266.4吨的纸盒。

奶制品：北京三元 VAD 鲜牛奶净含量 243 毫升的包装袋重 3.1 克，若按 200 万人每天一袋计，一年丢掉的塑料袋总重达 2263 吨。

治高血压药：北京"双鹤"生产的 10 片装"北京降压 0 号"的纸盒、空药板及说明书重 11.3 克，丢弃物占总重的 89%。据统计北京市老年人该病患者占 4 成以上，约有 56 万人需终生服药，一日服一片，一年丢掉"0号"包装物达 203.6 吨。

（https://zhidao.baidu.com/question/1433931366225274979.html）

【设计意图】

通过资料阅读，对垃圾的利用价值全面认识。

环节三：评价反思，制作作品。

废物也可再利用啊！你能自己设计一款废物利用产品吗？怎样设计呢？

【设计意图】

亲手制作手工艺品，体会变废为宝的过程。

环节四：交流反馈，展示作品。

1. 独立制作手工艺品。

2. 小组合作交流。

3. 全班展示。

环节五：小结展示作品。

垃圾有这么大的价值，我们应该怎样处理垃圾呢？就让我们用课余时间来调查和搜集一下有关垃圾处理的有关内容吧！

【设计意图】

提出拓展问题，为下一节的学习打下基础。

第五课时：垃圾的处理

【活动背景】

通过前面的学习，学生已经了解了垃圾的现状、危害、价值，对于垃圾的处理有一定的想法，这节课进行深入的探讨学习。

【活动目标】

1. 学会生活垃圾的处理和使用。

2. 开展一系列的环保大行动。用生活垃圾中的原料制作小作品（如环保时装、小摆设等）。

3. 培养学生的环保意识。

【活动重难点】

活动重点：学会生活垃圾的处理和使用。

活动难点：用实际行动开展环保大行动，动脑动手，真正地变废为宝。

【活动准备】

教师准备：课件

学生准备：生活废品

【活动过程】

环节一：以理促行，互动探究。

1. 同学们，前面我们对垃圾的现状已经有了清晰的认识，回顾一下，我们是如何处理我们产生的垃圾的？

出示填写好的调查表，进行讨论。

2. 研究如何减少垃圾的产出

师出示算式：180000 户家庭 ×1 千克 / 户 =180000 千克 =180 吨

"用数学的眼光想一想，如何才能使总的垃圾量变小？"

生：减少每户人家的垃圾产出就可以减少总的垃圾量。

师：还有没有办法能减少垃圾的产出？

板书：减少

3. 小组讨论交流。

4. 全班交流。

5. 随机补充：罚款　收费制度

A. 城市垃圾处理的收费制度

（国家计委、财政部、建设部和环境保护部联合发文，要求在全国全面推行城市生活垃圾处理收费制度。新方案初定为居民户每月每户 5 元；企业、事业、个体户每 0.3 立方米 6 元；已办暂住证的流动人员每人每月 1 元。）

（http://www.gxzj.com.cn/news.aspx?id=180580）

B. 口香糖乱吐，难以处理，要求进行罚款。

6. 师：同学们说出了许多减少垃圾的办法，有些是切实可行的。说不定过不了多久，这些办法就真的被采用了。接下来让我们从图片中去看看那些已经产生的垃圾是怎么样的！

7. 观看图片。（看一看）

A. 学生观看图片。

B. 师：看了上面的图片，你有什么想说的吗？（指名让学生说）

8. 汇报这节的调查结果。

板书：处理

【设计意图】

让学生体会到垃圾问题通过人为的环保意识，总量是可以减少的。

环节二：合作体验，活动汇报。

研究如何处理日常生活中产生的垃圾。（写一写）

1. 学生小组研究，教师巡回指导。

2. 班内交流，每组选取一个代表进行介绍。

3. 总结反馈。

师：垃圾是放错了地方的财富。

（1）垃圾中有可以再用的和不可以再利用的，最好能根据这些特点进行分类，设计分类的垃圾箱，如可回收垃圾箱、有害垃圾箱（危险废弃物）等。

（2）可利用的垃圾要进行回收，充分利用。

（3）国际上处理垃圾的方法：堆肥、填埋、焚烧。

当前处理垃圾的国际潮流是"综合性废物管理"，就是动员全体民众参与三 R 行动，把垃圾的产生量减少下来。三个 R 的行动口号是：（1）减少浪费（Reduce）；（2）物尽其用（Reuse）；（3）回收利用（Recycle）。当全社会的人都这样做时，生活垃圾的总量和城市处理垃圾的负担就会大大减少，垃圾填埋场的使用寿命就会延长。由此节约了土地，降低了垃圾污染的威胁。由于我国是发展中国家，各方面建设都需要资金，环境保护资金投入严重不足的状况难以立即改变。因此，我们既不能完全照搬西方发达国家，全部靠高投资、高科技来消纳垃圾，期望一次到位，又不能对巨大的垃圾资源置之不理，任其泛滥成灾。中国城市的垃圾处理应走自己的路，发挥人民政府善于宣传、组织、领导群众的特点，通过立法，由简到繁，从低级向高科技过渡的方法，依靠群众，能做的先做起来，逐步加大环保投资力度，趋向完善。

（https://baike.baidu.com/item/%E5%9E%83%E5%9C%BE/53497#10_4）

环节三：活动延伸，反馈提升。

师：同学们的方案挺有创意，如果国际上还没有采用的话，你还可以申请专利。

接下来我们评出本节课"最佳创意方案"和"最佳实用方案"。最后，就请同学们发挥集体的智慧，用自己喜欢的方式来宣传你们组的方案，让更多的人来关注垃圾的处理。

通过本主题的学习，同学们知道了日常生活垃圾是怎样产生的，有什么样的危害，并在学习的过程中学会了生活垃圾的处理和使用，还开展一系列的环保行动，变废为宝的意识和能力都有所增强。

【设计意图】

对全课进行拓展提升，通过总结加深学生认识。

主题二：小小志愿者

志愿者的身影随处可见，他们为社会的发展做出了巨大贡献。通过本专题的学习，学生能够更深入地了解志愿者，初步培养学生服务社会和他人的意识。

可以从自己的兴趣出发，选择有条件和能力研究的主题。

走近志愿者

志愿者知识知多少

我爱绿色家园

我是小小志愿者

同学们如果对小小志愿者这个课题感兴趣，那就结合生活实际，在与同学、老师协商讨论的基础上，确定你们的实践活动主题，组成活动小组开展研究。当然，也可以先建立活动小组，再确定主题。

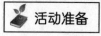 **活动准备**

研究主题一经确定，就需要制订一份研究计划，确保整个研究过程的有序开展，而且为研究过程和结果的评价提供了参考的框架。

活动实施

查阅资料

研究主题：关于小小志愿者的研究

研究目标与任务：

小组成员分工：

活动实施时间：

活动的主要内容及步骤：

> 请参考这些内容，设计自己的研究方案。

制订可行的研究方案，掌握收集资料和处理信息的方法，进行"志愿者知识知多少"等活动，了解与志愿者相关的知识，增强对志愿者的认识，激发参与志愿活动的热情，并开展"我是小小志愿者"活动，学会策划组织志愿活动，为维护景区良好的环境做贡献。

活动需要的条件和可能遇到的困难：

预期研究成果：

成果表达形式：

……

1. 收集资料

了解志愿者发展历史、对社会的贡献等知识。活动地点与途径：阅览室、电视、网络等。

小资料

志愿者是一个没有国界的名称，指在不为任何物质报酬的情况下，为改进社会而提供服务、贡献个人时间及精神的人。

在香港，志愿者被称为"义工"，志愿者行动叫义务工作。香港义务工作发展局将"义工"（"志愿者"）定义为在不为任何物质报酬情况下，为改进社会而提供服务，贡献个人时间、精神的人。并将义务工作定义为："任何人志愿贡献个人的时间及精神，不为任何物质报酬的情况下，为改进社会而提供的服务。"

志愿者要有奉献精神，这是志愿服务精神的精髓。志愿者通过自愿参与志愿服务，使自己的能力得到提高，也促进了社会的进步。

志愿服务的范围主要包含有：扶贫开发、社区建设、环境保护等诸多社会服务方面。

志愿工作具有志愿性、无偿性与公益性、组织性的四大特点。

我国的志愿服务活动，是紧随改革开放而发展的。开始于1978年。在1993年底，共青团中央开始着手组织实施中国青年志愿者行动，中国志愿服务进入有组织、有秩序阶段。中国青年志愿者行动实施以来，志愿服务日益发展，全社会对志愿服务的认知度大大提高。据不完全统计，2008年，累计有超过506万名志愿者，参加抗震救灾和灾后重建，170多万志愿者，直接服务北京奥运会。

2017年10月18日，习近平主席在十九大报告中指出，推进诚信建设，推进志愿服务制度化，强化社会责任意识、规则意识、奉献意识，可见，志愿服务对社会发展的重要性。

2. 资料的搜集、整理

方法引导：搜集整理资料

1. 做笔记。将所需要的资料、感想、疑问等及时记录下来。

2. 剪贴法。将需要的资料分类贴在笔记本上。

主要的分类方法有以下两种：

1. 主题分类法。按照主题对资料进行分类整理。

2. 项目分类法。即按照一定的类别，将资料分项整理。

别忘了把参观过程中看到的、听到的、感受到的具体细节记录下来呀!

参观与访问

志愿者活动有很多，想想办法，最好通过自己的努力，联系有关单位，在老师或家长的陪同下前去访问。拜访前一定要准备访谈提纲，并事先做好联系工作。

访谈记录表

访谈主题：

访问者（学生）：

被访问者：

工作单位、职务（职称）、专业（专长）

访问方式：

电话、书面、面对面、其他

访问时间、地点：

访谈问题（提纲）：

访问记录：

……

通过访问、参观，你发现了什么？整理一下通过调查和观察获得的资料，撰写小组的调查报告和参观报告。

📖 **展示与交流**

选出你认为成功的作品做一个展览吧！

1. 做有关于走近志愿者的手抄报。

2. 组织进行"志愿者知识竞赛"。

3. 开展"我是景区志愿者"活动。

4. 相关照片展示。

 **反思与评价**

通过本课题的研究你对志愿者有什么新的认识？在研究过程中遇到了什么问题？你是如何解决问题的？你在研究过程中掌握了哪些研究方法？

你对自己在活动中的表现满意吗？老师和同学们是怎么评价你的？

研究主题拓展

关注志愿者活动，有利于学生的视野拓展。除了本课提到的主题，还有"我是环保志愿者""志愿者在行动"等主题。

课时设计

第一课时：走近志愿者

【活动背景】

志愿者为人类社会的发展做出了重要贡献，因此了解志愿者的发展历史、种类等知识极其重要。

【活动目标】

1. 通过网络、电视、书籍、报刊等，或询问专业人士，了解相关知识。

2. 培养学生搜集、处理信息的能力，学习使用恰当的方式呈现研究成果。

3. 通过活动体验，能感受到与他人合作的乐趣，感受到与人分享的快乐。

【活动重难点】

活动重点：了解志愿者的发展历程等知识。

活动难点：活动体验后指导产生主题。

【活动准备】

教师准备：全运会志愿者图片、"走进志愿者"研究方案表格。

学生准备：搜集志愿者资料

【活动过程】

环节一：情境导入，引出主题。

1. 课件演示全运会志愿者图片。

教师介绍：这是全运会上志愿者们在为大家服务，他们忙碌的身影和亲切温暖的笑容深深地印在我们心里。参与志愿者服务，既是在帮助他人、服务社会，也是在传递爱心、传播文明。

2. 看到这些志愿者的图片，你们有何感想？让我们一起通过本单元的主题活动，了解与志愿者相关的知识吧！

板书：走近志愿者

3. 交流：进行每一项活动，均需要事先制订详细的活动方案，它能帮助我们顺利开展主题活动。今天我们就来制订"走近志愿者"的活动方案。

板书补充：活动方案的设计

【设计意图】

创设情境，激发兴趣，明确活动任务。

环节二：讨论交流，提出课题。

1. 关于志愿者，大家有哪些了解呢？你身边有哪些志愿者呢？请学生谈一谈对志愿者的认识。

教师介绍：志愿者也叫义工、义务工作者或志工。他们致力于免费、无偿地为社会奉献自己的力量。

2. 有关志愿者，大家想要研究哪些问题？学生交流讨论，提出相关问题。

3. 问题转化主题。

学生提出问题，集体交流，将同学们的注意力转移到相对集中的问题上，从而生成主题。

4. 总结归纳，围绕志愿者，同学们可以研究：

走近志愿者、志愿者知识竞赛、我爱绿色家园、我做景区志愿者……

【设计意图】

以兴趣为激发点，鼓励学生提出问题，并将问题转化为子课题。

环节三：方法指导，设计方案。

1. 提问：一份完整的活动方案包括什么内容呢？

教师总结：一般，活动方案包括主题、目的、时间、参加人员、分工、活动内容、实施方法、步骤、预期效果等内容。

2. 我们采用什么样的形式来设计方案呢？

教师：活动方案在形式表达上可以是表格、过程记录、计划书等，其中表格一目了然，便于操作。

3. 设计活动方案：

小组成员共同努力，设计"走近志愿者"的活动方案。

参考样表：

"走近志愿者"活动方案

主题名称		研究时间	
研究目的	1. 了解有关志愿者的知识；积极参加志愿者服务活动，提高交际能力、服务能力； 2. 尝试策划志愿者服务活动，培养奉献他人、服务社会的精神。		
研究方法	知识竞赛　　实地调查　　社会宣传		
组员及分工	姓名	承担任务	
研究步骤	时间安排	主要内容	
注意事项			
预期成果			

【设计意图】

明确活动方案的基本内容和表达形式，小组合作探究，设计一份可行的活动方案。

环节四：群策群力，修改完善。

1. 各小组汇报活动方案。

要求：每组选一名代表汇报成果，其他成员可以补充。

2. 集体讨论，教师指导。

要求：(1) 仔细倾听其他同学的汇报，认真思考，合理采纳他人的建议；

（2）积极发言，为同学提出合理化建议；

3. 以小组为单位，结合师生提出的建议，修改完善本组的活动方案。

【设计意图】

集体充分交流，虚心听取意见建议，完善活动方案，使活动方案切实可行。

环节五：活动总结，鼓励实践。

这节课大家群策群力，拟定了一份科学、合理的小组活动方案，希望大家能依据方案积极实践，走近志愿者，并服务社会和他人。

【设计意图】

总结本次活动同学们的参与情况，鼓励学生积极实践。

第二课时：志愿者知识知多少

【活动背景】

志愿者们的身影随处可见，但是对于专业志愿者的相关知识，学生了解很少。通过这次竞赛，让学生更加深入了解志愿者的相关知识。

【活动目标】

1. 通过网络、书籍、电视及询问专业人士，了解与志愿者相关的知识。

2. 培养学生搜集、处理信息的能力，并学会用竞赛的方式呈现研究成果。

3. 通过活动体验，能感受到与他人合作的乐趣，感受到知识竞赛带给自己的收获。

【活动重难点】

活动重点：知识竞赛答题

活动难点：如何组织知识竞赛

【活动准备】

教师准备：设计走近志愿者知识竞赛题目

学生准备：搜集知识竞赛题

【活动过程】

环节一：综合意见，形成题目。

综合大家的成果，我们设计了以下竞赛题：

志愿者知识知多少

一、选择题

1. 中国青年志愿者协会成立的时间是？（　　　）

A.1994.12.5　　B.1995.12.5　　C.1996.12.5　　D.1997.12.5

2.2008 年北京奥运会的礼仪志愿者有多少套服装？

A.2 套　　　B.5 套　　　C.7 套　　　D.8 套

3. 志愿精神倡导奉献、（　　　）、友爱、进步。

　　A. 互助　　　B. 帮助　　　C. 团结　　　D. 友善

4. 中国首位联合国环保亲善大使是（　　　）。

　　A. 李亚鹏　　　B. 周迅　　　C. 章子怡　　　D. 王菲

5. 下列不属于大学生志愿服务西部计划的是（　　　）

　　A. 支教　　　B. 支医　　　C. 支农　　　D. 支贫

二、判断题

1. 对志愿者个人而言，志愿活动具有以下积极意义：一是奉献社会，二是丰富生活体验，三是提供学习的机会。（　　　）

2. 中国青年志愿者帽子为黄色，于帽沿上方正面印有"中国青年志愿者"白色字样，其下正中为青年志愿者标志。（　　　）

3. 志愿者构筑了社会信任，能有效地缓解社会冲突，并且促进社会安定、和平。（　　　）

4.奥运会志愿者概念的正式确定于雅典奥运会。(　　)

5.志愿者在与他人交谈时，目光注意对方要自然、稳重而且柔和，要自始至终地注视对方，这样才符合青年志愿者的礼仪规范。(　　)

三、简答题

1.中国青年志愿者的服务精神是什么？

2.济南全运会的志愿者口号是什么？

3.2017年博鳌亚洲论坛志愿者的服务口号是什么？

4.志愿者可以分为哪几类？

……

环节二：小组合作，组织活动。

1.教师指导，生谈体会。

教师对如何组织知识竞赛活动进行方法指导，学生谈收获和体会。

2.归纳小结。

准备阶段：

下发竞赛通知，设计竞赛题目，使参赛者明确竞赛范围和参赛条件。

实施阶段：

(1)在开赛前进行竞赛辅导，包括知识和心理两个方面。

(2)设置评委会，评委会由专家担任，主要对竞赛中出现的问题进行纠正和解释，保证竞赛顺利进行。

(3)制订规则，保证竞赛公平公正。

(4)选择主持人。

(5)布置赛场。竞赛现场各项设备要提前准备好。

(6)颁奖。设置奖项和奖品，分配安排，避免错误。

【设计意图】

使学生完整地了解知识竞赛的程序和注意事项。

环节三：总结谈话，激发兴趣。

我们了解了知识竞赛的过程和注意事项，同时也设计好了较为科学的竞赛题目，希望大家认真准备，争取在竞赛中取得优异成绩。

【设计意图】

总结本次活动同学们的参与情况，鼓励学生积极备赛，努力取得好成绩。

第三课时：我爱绿色家园

【活动背景】

地球环境正在遭受破坏和污染，如果不采取措施加以治理，环境将会越来越糟糕。因而，唤起人们的意识，倡导大家行动起来，爱护地球母亲，爱护我们的家园。

【活动目标】

1. 了解环保知识，宣传环保知识。

2. 通过采访、拍摄、写作等活动，锻炼学生综合实践能力。

3. 激发学生对地球母亲的热爱。

【活动重难点】

活动重点：了解地球环境正在遭受污染与破坏

活动难点：如何保护绿色地球

【活动准备】

教师准备：课件、奖章

学生准备：搜集环保知识相关资料

【活动过程】

环节一：激情导入，感受地球之美。

1. 播放地球的美丽风光图片。

2. 老师配乐描述：我们生活在美丽的地球上，地球妈妈给我们提供了一切可生存的条件。地球环境曾经是多么的美丽，天空湛蓝，绿树成荫，鸟语花香，山清水秀。但有些人为了一己之利，不顾对地球母亲的伤害，导致下面这些画面的出现。

【设计意图】

让学生欣赏直观、生动的地球优美的图片，让他们体验大自然的美，体验动物、植物之美，从而激起他们环保的参与意识。

环节二：导语引入，激起对环境污染的痛恨。

1. 播放环境受到污染的图片。

2. 师描述：河流干枯，土地荒芜，天空灰蒙蒙，垃圾遍地，这一幅幅令人触目惊心的画面，使得地球母亲伤心地哭泣起来！人类只有一个地球啊，让我们从现在做起，行动起来，爱护地球母亲吧！今天的主题就是"爱护绿色地球"。

【设计意图】

儿童品德的形成，源于他们对生活的体验、感悟。只有源于儿童生活的教育活动，才能引发他们内心的道德情感。

环节三：组织活动。

1. 学生分组，环保行动小组。

（1）信息组

（2）摄影组

（3）绘画组

（4）问卷组。

2. 展示成果。

（1）信息组（组长汇报收集的环保知识。）

A. 垃圾的分类。

B. 垃圾回收，充分利用。

C. 国际上处理垃圾的方法。

（2）摄影组（组长展示拍摄到的照片）学生谈感想。

（3）绘画组（组长展示组员们的作品）学生交流感受，说说自己的想法及以后的行动。

（4）问卷组（组长出示问卷内容。）交流：从问卷调查来看，你发现了什么？

3. 小结。

地球是我们赖以生存的家园，是我们亲爱的妈妈。但现在地球的污染情况太严重了。我们作为小学生，作为少先队员，要从小做起，从身边小事做起，爱护地球，保卫家园！为环保出金点子！

4. 学生汇报。

【设计意图】

通过一系列活动,激起学生的参与意识及参与热情。让他们知道,该如何参与社会活动,关注社会环保问题,引导他们在生活中发展环境意识。

环节四:活动小结。

老师总结:要让环境恢复美丽,人人都要从我做起!只要每人献出一点爱,世界将变成绿色的人间!让我们随着美妙的音乐轻轻唱起来吧!

播放歌曲《装扮蓝色的地球》的伴奏。

第四课时:我是小小志愿者

【活动背景】

每到各景区游览参观,除了能见到大量游客之外,还能经常见到一类特殊群体,他们就是景区志愿者,为游客文明旅游,起到了重要的宣传作用,通过让学生体验景区志愿者这一特殊工作,增强学生的环保意识。

【活动目标】

1. 通过调查、访问,了解人们旅游的文明程度。

2. 培养学生搜集资料、处理信息的能力,并能用合作的方式展示研究成果。

3. 通过活动体验,能感受到与他人合作的乐趣,感受到分享的快乐。

【活动重难点】

活动重点:采取怎样的措施维护景区洁净的环境,让游客做到文明旅游。

活动难点:写文明旅游倡议书。

【活动准备】

教师准备:课件、调查表

学生准备:景区体验活动、文明旅游倡议书

【活动过程】

环节一:亲切谈话,创设情境。

1. 课件出示景区被破坏、污染图片：随着人们生活水平的日益提高，利用假期外出旅游已经成为人们生活的一项重要活动，但是，人们的素质却没有与时代同步提高，随地乱扔垃圾、乱写乱画乱刻等不文明现象随处可见。

2. 学生谈感受。

3. 揭示课题：我做景区志愿者。

【设计意图】

通过图片的直观观看，给学生以情感冲击，为后面的环节做好铺垫。

环节二：深入调查，学做景区"志愿者"。

1. 调查不同景点的环境卫生。

每人选择当地一个旅游景区，调查环境和卫生状况，完成调查表。

＿＿＿＿＿＿＿＿＿＿＿＿景区环境卫生调查表

时　间		地　点		调查人员	
调查项目		调查记录			
公共厕所					
文物保护					
人行道路					
亭台墙壁					
草　坪					
花　卉					
重点场馆					
垃圾桶					
主要污染情况					
建议和措施					

2. 交流调查情况，谈感受，说措施。

在与景区负责人联系后，开展"我是景区志愿者"活动，我们应注意哪些问题？哪些环节需要景区工作人员配合？

学生讨论，交流：

外出活动，统一服装，统一志愿者标志；

发现游客出现破坏环境问题，及时劝阻；

设计环保宣传广告，向游客发放；

带相应卫生工具如垃圾袋、夹子等，发现垃圾及时清理；

服从安排，听从指挥；

注意自身安全。

3. 补充资料：《环境问题及解决方法》

学生阅读谈收获。

水污染的治理

大气污染的治理

绿化破坏的治理

噪声污染的治理

文物破坏的治理

【设计意图】

走进景区，真正用自己的眼睛去发现景区环境卫生存在的问题，并对调查进行反馈交流，培养学生的社会实践能力。

环节三：集思广益，制订倡议书。

1. 通过亲自参加社会调查活动，你一定有很多收获、体会，特别是对如何做景区志愿者，如何用自己的力量让游客们文明旅游有了更深入的体会，下面就把自己好的想法、建议与小组内的同学交流一下吧。

2. 学生分组交流想法，提出建议。

3. 指导写文明旅游倡议书。

基本格式：倡议书一般由标题、称呼、倡议目的、具体内容、倡议单位落款五部分组成。（课件出示倡议书范文）

【设计意图】

写倡议书是本次实践活动的难点，老师的指导显得尤为重要，这是增强学生环保意识的一个重要环节，是一个自我感受的提升。

环节四：交流体会，汇报展示。

1. 课件展示"知识竞赛"的精彩瞬间。

2. 交流志愿者带给自己的感受。

3. 谈谈"我做景区志愿者"的收获。

【设计意图】

有实践才会感受深刻，扮演社会角色，体验不同的劳动，才能充分体现综合实践课的活动特点。

环节五：总结活动，评价反思。

1. 老师总结这次实践活动的开展情况。

2. 填写"我是小小志愿者"研究过程评价表。

老师讲解评价要求，学生可提出疑问。

学生按照"自我评价""家长评价""小组评价""老师评价"的四级评价进行填写。

3. 活动反思："互相夸一夸，互相提一提建议"的环节。

【设计意图】

每一项活动结束后，让学生养成总结反思的好习惯，增加他们的活动经验，让他们有更多的收获。

主题三： 健康上网

当今社会经济快速发展，各种数码科技应运而生：手机、电脑、平板，成了同学们离不开的学习和游戏伙伴。然而在学习和生活、娱乐中，如何做到健康上网，而不被卷入旋涡之中？针对这一问题，我们应该怎么做呢？让我们展开调查研究：怎样在轻松、民主、愉快的氛围里健康地在网上冲浪？

我确定的主题是：

可以从自己的兴趣出发，选择有条件和能力研究的主题。

认识网络

网络带给我们的烦恼

网络带给我们的好处

一起约定健康上网

网络的利与弊

同学们如果对网络这个课题感兴趣，那就结合自己的经历和生活环境，在与同学、老师协商讨论的基础上，确定你们自己的实践活动主题，组成活动小组开展研究。当然，也可以先建立活动小组，再确定主题。

活动准备

研究主题一经确定，就需要制订一份研究计划，确保整个研究过程的有序开展，而且为研究过程和结果的评价提供了参考的框架。

> 研究主题：
> 小组成员分工：
> 活动实施时间：
> 活动的主要内容及步骤：
> 通过搜集资料了解网络的发展变化，网络给我们生活、学习带来的影响，联系生活，感受上网的乐趣；通过调查资料、访问等形式，了解上网的利与弊，合理上网，健康生活。
> 活动需要的条件和可能遇到的困难：
> 预期研究成果：
> 成果表达形式：
> ……

> **请参考这些内容，设计自己的研究方案。**

活动实施

查阅资料

了解什么是网络，网络的发展，网络的利与弊。

一般而言，研究的前期工作之一，就是查阅和研究课题相关的资料，而在研究活动的过程中也还需要补充一些相关的资料。资料的查找有多种途径，可以从教师或有关专家那儿得到帮助，也可以直接去图书馆查阅，或从网上收集你所要的信息等。

互联网是双刃剑

计算机和互联网技术的飞速发展，使广大青少年率先融入了一个新的时代——网络时代。与西方国家相比，我们网络虽起步较晚，

但由于我们青少年队伍庞大，加之这几年学校信息技术教育的推广应用，所以这一差距正日益缩小。在全世界的现有网民中，青少年儿童占了一大半，我国同样也不例外。上网已成为人们人每天必做的事情。

同时，由于网络的无限开放，使得许多不健康的信息也出现在人们的面前，正处于生长发育期的青少年儿童对此的识别能力有限，若不及时加以引导和有效监管，他们幼小稚嫩的心灵势必成为不良信息的奴隶。

《网络安全法》节选

2017年6月1日正式开始新实施的《网络安全法》也将未成年人网络保护作为重点改进方向之一：

你是怎样查找资料的？把你的资料与同学一起分享吧！

《中华人民共和国网络安全法》第十三条：国家支持研究开发有利于未成年人健康成长的网络产品和服务，依法惩治利用网络从事危害未成年人身心健康的活动，为未成年人提供安全、健康的网络环境。

沉迷网游、依赖手机或者电脑，已经只是未成年人网络安全这个大命题下暴露出来的冰山一角。在街上看到一群小学生上网围坐一起打《王者荣耀》，麦当劳里拿着手机边百度边填写作业等现象也频繁出现在我们日常生活中。互联网所传递的一些不良信息极易给孩子带来潜移默化的影响，而这些很多是短时间内不太能够表现出来的，而当你开始注意到问题的严重性可能为时已晚。因此，未成年人上网网络安全问题最重要最佳的解决方式是做好预防。

国内网民未成年人比例呈现增长趋势

根据中国互联网络信息中心发布的第41次《中国互联网络发展状况统计报告》中的数据：截至2017年12月，我国网民规模达7.72

亿,新增网民 4073 万人,互联网普及率 55.8%,相较 2016 年提升了 2.6 个百分点。

从中国网民年龄结构的数据统计图中可以了解到,2017 年 19 岁(包括 19 岁)以下的网民所占比例达到了 22.8%,约为 1.76 亿人。值得注意的是,连 10 岁以下的网民规模也超过了 2500 万。

资料的搜集与整理

每个同学都搜集到了许多资料,你怎么样从中选择需要的呢?如何给资料一个系统合理的分类与整理呢?

搜集整理资料的方法

搜集资料的方法很多,常用的主要有以下方法:

第一,做卡片。使用卡片,易于分类、易于保存、易于查找,还可分可合。卡片可以自己做,也可以到文化用品商店去购买。

第二,做笔记。做笔记是任何一个撰写者都必要的,好记性不如烂笔头,搞调查研究时,随身带笔和纸,记下所需资料的内容,或有关的感想体会、理论观点等。做笔记时,最好空出纸面面积的三分之一,以便于提供对有关摘录内容的理解、评价和体会。

第三,剪贴报刊。将所查找的资料从报纸、刊物上剪下来,再进行剪贴,这种方法的优点是可以节省抄写的时间。

还要提示大家,对收集来的资料不要随手一放,置之不理,要仔细加以分类,进行研究。主要的分类方法有以下两种:

第一,主题分类。按照一定的观点把资料分类,可以是综合而成的观点,也可以是自己拟定的观点。

第二种,项目分类。即按照一定的属性,把收集的资料分项归类。

展示与交流

网络的发展迅速，对应的生活领域越来越多。同学们通过查阅资料，了解了网络的发展、利弊，一定会合理地使用网络。想想办法，最好通过自己的努力，联系生活实际，在老师或家长的陪同下进一步了解网络。

主要应了解：什么是网络？哪些地方应用网络？

访问附近的网络工程师，就你们所关心和想了解的问题，向他们请教。拜访前一定要准备访谈提纲，并事先做好联系工作。

访谈记录表

访谈主题：

访问者（学生）：

被访问者：

工作单位、职务（职称）、专业（专长）

访问方式：

电话、书面、面对面、其他

访问时间、地点：

访谈问题（提纲）：

访问记录：

……

通过访问、参观，你发现了什么？整理一下通过调查和观察获得的资料，撰写小组的调查报告和参观报告。

反思与评价

通过本课题的研究你对网络有什么新的认识？在研究过程中遇到了什么问题和困难？你是如何解决问题、克服困难的？你是否认真参加每一次小组活动，努力完成自己所承担的任务？你能够主动提出研究和工作设想、建议？你能否与同学合作，善于采纳他人意见？你在研究过程中掌握了哪些研究方法？

你对自己在活动中的表现满意吗？老师和同学们是怎么评价你的？

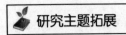

研究主题拓展

健康上网倡议

通过对网络的进一步了解，经过你的采访，相信你已经认识和了解到如何健康上网的方法，把你的倡议分享给大家吧。

健康上网倡议书

课时设计

第一课时：认识网络

【活动背景】

现在中小学生的生活普遍存在的问题：室内活动多，室外活动少；模拟体验多，生活体验少；上网聊天、游戏其实也是现在孩子企图寻求理想化状态的一种途径。但是，长期沉湎于虚幻的网上世界，会在一定程度上弱化他们与真实世界交流的能力，严重的还能导致心理疾病。作为老师应指导孩子清楚地认识网络，辨析是非。认识网络，从现在开始。

【活动目标】

1. 知识与技能：了解网络的相关知识。

2. 过程与方法：通过搜集资料、交流讨论，加深对网络的认识，同时提高学生搜集整理信息的能力。

3. 情感态度与价值观:通过与他人合作交流,感受到与人分享的快乐。

【活动重难点】

活动重点:体验网络的好处

活动难点:合理利用网络

【活动准备】

教师准备:课件

学生准备:搜集有关网络的资料

【活动过程】

环节一:亲切谈话,导入活动。

教师导入:相信大家都有上网的经历,那到底什么是网络呢?它是从什么时候开始闯入我们的生活的?

【设计意图】

通过学生感兴趣的话题导入,激发学生的学习兴趣。

环节二:知识共享,认识网络。

师:老师听说你们课前做了不少准备,你们应该是有备而来吧!谁愿意第一个起来介绍呢?

同学们纷纷上台介绍网络的起源、发展以及应用的各个领域,讲得声情并茂,下面的学生听得兴趣盎然。

【设计意图】

学生对于网络有说不完的话题,通过交流、分享,互通有无,让学生对网络有初步的认识。

环节三:未来网络,我来想象。

请同学们大胆想象一下未来的网络会是什么样子的。

生大胆猜想。

教师补充未来网络的适量图片。

【设计意图】

网络在发展,对未来网络进行猜想,让活动达到高潮,也锻炼学生的想象思维。

环节四:师生互评,加深印象。

师:刚才听了他们的介绍,同学们,你们能不能点评一下呢?你想点评谁就点评谁。

生自由点评（略）。

师：我也来给大家点评一下吧！

大家都做了很充分的准备，但没有变成自己的理解。以后大家可以在课下认真分析自己搜集的资料，变成自己的话给大家进行介绍，加深印象，也能锻炼大家的语言表达能力。

【设计意图】

一节课没有评价，就起不到应有的效果。通过评价，让学生有辨析的能力，加深对网络的认识。

环节五：交流收获，明理升华。

通过刚才的介绍，我们了解了网络的起源、发展以及应用，你们有什么感受呢？谈谈你的收获。

【设计意图】

通过收获，小结本节课的主要内容，达到巩固的目的。

第二课时：网络好处大家谈

【活动背景】

今天的生活离不开网络生活，我们处于现实与虚拟之中。网络聊天、交友、学习、购物等等，已经越来越多地占据了我们的生活，了解和调查网络的好处，有助于同学们更好地认识网络，利用网络帮助我们的日常生活。

【活动目标】

1. 通过查阅资料，认识网络给我们的生活、工作和学习带来哪些好处，体会网络在现代生产生活中的作用。

2. 通过资料的整理、汇报，提高学生自主探究的能力。

3. 通过情景模拟，感受网络给我们生活带来的便捷。

【活动重难点】

活动重点：网络对生活的影响

活动难点：网络的用途

【活动准备】

教师准备：课件

学生准备：搜集网络在各领域的用途

【活动过程】

环节一：谈话导入，揭示课题。

教师导入：上节课我们已经认识了什么是网络，大家也都有上网的经历，谁能给大家介绍一下你上网时的感受如何？生畅所欲言。

【设计意图】

通过提出感兴趣的话题，让学生打开话匣子，直入主题。

环节二：分享交流，信息共享。

师：多数同学都乐于上网，因为网络给大家带来了好多便利。那谁来说一下，网络给我们的学习、工作和生活都带来哪些好处和便利？

同学们纷纷上台介绍网络的好处。

师：你们知道吗？网购终于也能"试穿、试戴"了。不久前，阿里透露了其 VR 购物体验，戴上 VR 设备、打开 BUY+，消费者躺在自家沙发上，就能一秒钟"穿越"到世界各地的商场集市，自由挑选逛街了。据了解，BUY+ 还利用了三维动作捕捉技术捕捉消费者的动作，并触发虚拟环境的反馈，实现虚拟现实中的互动。比如，利用带有动作捕捉的 VR 设备，你眼前的香蕉、书籍在 BUY+ 中可以化身为衣帽、雨伞、架子鼓，让消费者有一种"身临其境"的体验感。

生观看相关新闻报道。

【设计意图】

网络的发展，渐渐拉近了虚拟与现实的区别和关系，通过信息共享，让同学们感受到，现在的生活离不开网络，各行各业都需要网络。

环节三：师生互评，整理提升。

师：刚才听了他们的介绍，同学们，你们能不能点评一下呢？

生自由点评。

师：大家搜集的资料非常全面，说明了网络在我们的生活中越来越普遍，也有着重要的作用，甚至成了我们生活中不可缺少的一部分。

【设计意图】

通过评价，提升同学们对信息的掌握能力。

环节四：明理升华，拓展延伸。

通过刚才大家的介绍，我们了解了网络的方便、快捷、省时省力、提前占有信息等好处，请大家再仔细考虑一下，我们与网络的接触中，还应该注意什么，下节课来交流。

【设计意图】

通过小结与拓展，提出下一节课的思考议题供同学们提前搜集资料、思考辨析。

第三课时：认识网络的另一面

【活动背景】

从 20 世纪 90 年代起，人类进入了一个崭新的互联网时代。建立在网络文明基础之上的信息技术将从根本上改变我们的生活方式，尤其是我们的教育和学习方式。有人说，新时代的文盲是没有学会运用网络的人。因此，学会健康上网是我们获取知识提高能力的必要途径。但是，如何正确利用网络，不陷入网络的漩涡，还需要我们明晰的认识和辨析能力。

【活动目标】

1. 认识到网络在给我们带来便利的同时也认识到网络消极的一面。

2. 通过各种案例分析，提高学生辨别网上信息的能力。

3. 培养学生对利用网络的辨析能力和建立健康上网的意识。

【活动重难点】

活动重点：如何利用网络

活动难点：建立健康上网意识

【活动准备】

教师准备：课件

学生准备：搜集网络消极因素的资料

【活动过程】

环节一：播放视频，警示教育。

视频导入：播放《青少年上网成瘾》

师：同学们看了这段视频有何感想呢？

学生回答。

总结：虚拟的网络带有极大的负面性，它有时为我们提供的是影响我们成长的负能量。我们万不可沉迷于虚拟世界。而且我们也应该明白，网络世界虽是一个虚拟的世界，但是它同样受道德和法律的约束和制裁，这就需要我们清晰的判别与自控能力。

【设计意图】

上课开始，通过警示作用的视频，激发学生的兴趣，同时引发学生探究的热情。

环节二：交流分享，共同感悟。

师：我们把视线回到我们的班级。你觉得我们班同学上网的情况健康吗？大家上网的过程中有没有遇到什么麻烦和烦恼的事情？

给同学们自由讨论十分钟，然后以小组为单位汇报交流。学生汇报。

教师小结：作为信息时代的新宠儿，网络越来越受到我们大家的欢迎，而上网成了大家日常生活中不可缺少的一部分。可由于我们小学生的一些特殊原因，有些同学上网反而带来了一些负面影响。

【设计意图】

通过讨论交流本班学生上网的状况，认识到不良的网络行为就在我们身边。

环节三：创设情境，讨论交流。

师：通过刚才的交流，我们揭开了网络的另一个面目，有的同学能认清，有的同学还辨别不清，那大家来看看，这是不是反映了网络的另一面？

案例：许昌一小伙从13岁迷上网吧之后，便以网吧为家。今年初他告诉父母找到一份在网吧替别人打游戏的工作，便和家人失去联系。再见面时，他已经患上严重的肺结核，大部分肺已被结核菌侵蚀掉。青少年网瘾已经成为当今社会的一个热点话题，网瘾不仅对青少年的心理造成很大的影响，对于孩子身体健康也会造成不可估量的损伤，尤其是青春期的孩子正值身体发育的黄金时期，家长更应引起足够的重视。

自从恋上网吧后，苏煜（化名）便走向了不归路。今年6月份，在与家里失联三四个月后，他突然躺在了家门口的大街上，手、脚肿胀，不省人事。送到当地医院后，医生检查后发现，他的肺"全烂了"，被诊断为严重肺结核，病灶已经吞噬了他大部分的肺。

"都是作孽呀，现在花了快10万了，还没治好。"昨天，在省胸科医院病房内，苏煜的父亲向记者说。目前，他一方面奢望能有爱心人士帮帮他，另一方面也是想以儿子的惨痛经历给那些彻夜在网吧上网的孩子提个醒：别再拿命拼了。

师：请结合案例说一说：网络的另一面指的是什么？

生：黄色网站、黑客入侵、网络交往的迷惑、网上购物诈骗、上瘾……

师：遇到这样的问题我们应该怎么办呢？大家一起来讨论研究一下。

生：……

【设计意图】

通过案例分析，认识到网络的另一面，如果不引起重视，很可能卷入网络的漩涡。

环节四：明理升华，巩固提升。

师：今天我们认识到了网络的另一面，相信大家对网络又有了新的认识。有的同学也心存疑惑，到底网络是有利还是有弊？该如何与它相处呢？这就是我们下节课的讨论主题。请大家课下积极搜集网络的双面性，是利大于弊还是弊大于利，我们共同辩论。

【设计意图】

通过小结的方式引出新的探讨话题，激发学生继续研究的兴趣。

第四课时："网络的利与弊"辩论会

【活动背景】

通过前几节课的学习，学生初步感知现代社会信息量越来越大，信息传递的速度越来越快，网络让人们获取信息的途径越来越广。我们是网络的受益者，同时也被网络困扰着，辩论赛要求学生能明确清晰地阐述自己的观点，能用摆事实讲道理的方法论证自己的观点。通过此次活动，让学生提高辨析能力的同时，正确地认识和使用网络。

【活动目标】

1. 通过查阅图书、上网搜集资料等途径，了解网络的好处和弊端，认识网络对人们生活的影响。认识到网络是一把双刃剑，加强对网上信息的辨别能力。

2. 提高学生的思维和语言表达能力。

3. 通过辩论赛，感受小组合作的乐趣，通过案例分析，清楚地认识到网络的双面性并能有效地克制自己不良的上网习惯和负面情绪。

【活动重难点】

活动重点：了解辩论会的相关事宜

活动难点：清晰表达自己的观点

【活动准备】

教师准备：课件

学生准备：搜集网络利弊的资料

【活动过程】

环节一：出示辩题。

正方辩题——网络的利大于弊

反方辩题——网络的弊大于利

环节二：辩论实践。

（一）陈述观点：辩论双方根据本方辩论的主题，抓住关键问题，简明扼要地阐述其辩论观点。

（二）唇枪舌剑：辩论双方根据本方的观点，有针对性地向对方出示证据，可以发问、陈述。最后进入自由辩论时间。

（三）总结陈述：双方在进行激烈辩论后，各自研究最后的总结陈词。抓住重点，摆明观点，做最后的总结辩论。

环节三：明理升华。

【设计意图】

通过同学的辩论，学生很容易就能从中得到信息，如果我们能正确地认识网络，而且合理地去利用网络，那么，上网还是利大于弊的，相反，如果上网的态度不端正，就会弊大于利，从而影响我们正常的生活和学习。

第五课时：制定网络文明公约

【活动背景】

制定并遵守网络文明公约是落实《公民道德建设实施纲要》的重要举措，旨在推动网络道德建设，进一步提高青少年道德水平。引导学生增强网络道德意识，共同建设网络文明的精神。

【活动目标】

1. 知道网络的利与弊，了解不良上网习惯对身心健康的不利影响。

2. 通过讨论交流，正确判断上网的文明和不文明行为，并自觉遵守网络文明公约。

3. 培养学生自觉维护网络文明的责任感，体验文明上网的乐趣。

【活动重难点】

活动重点：制订网络文明公约

活动难点：践行网络文明公约

【活动准备】

教师准备：课件

学生准备：搜集如何健康上网的资料

【活动过程】

环节一：谈话导入，直入课题。

教师导入：通过前几节课的讨论交流我们认识到，网络就好比是一把双刃剑，有好的一面，也有坏的一面，那我们如何才能扬长避短、健康上网呢？

生自由发言。

【设计意图】

谈话导入，让学生放松自然地谈一谈自己这几节课来的认识和收获，达到巩固提升、归纳的目的。

环节二：剖析自我，制订规划。

师：同学们都有了不同程度的认识和收获，那现在请结合我们的活动主题把自己遇到的或者想知道的问题写在"我的问题"上。然后根据自己的问题制订相应健康上网的规划，一会儿我们集中来分析一下。

学生制订自己的规划。

【设计意图】

通过发现自己的问题，并有针对性地进行规划，提高学生发现问题并用所学解决问题的能力，并为下面制定网络文明公约打下铺垫。

学生展示"健康上网规划"并总结。

环节三：交流归纳，整合创编。

师：请小组内整合一下自己的问题和规划，你有没有发现哪些是共性的问题？哪些是个别问题？

生发现并发言明确内容。

师：请大家根据共性的问题制定我们的网络文明公约，个性的问题也请单独保留好，时刻提醒自己，健康上网。

共同制定网络文明公约。

环节四：发出倡议，明理升华。

通过健康上网文明公约的制定，相信大家都正确地认识到我们应该怎样正确看待网络，怎样去健康上网。也希望大家能把你这几节课的收获告诉你身边的人，提醒大家也能正确利用网络，做到健康上网。

主题四：红领巾相约中国梦

中国梦，定义为"实现中华民族伟大复兴，是中华民族近代以来最伟大梦想"。"中国梦"具体表现国家富强、民族振兴、人民幸福。

"中国梦"既是人民的梦，也是每个少年人的梦。作为新时代的少年儿童，只有把"少年梦"融入"中国梦"之中，才能使"小梦"汇成"大梦"，用"少年梦"托起"中国梦"。

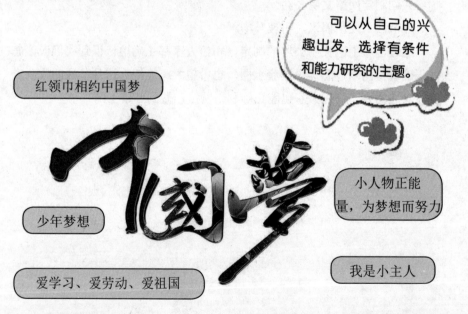

可以从自己的兴趣出发，选择有条件和能力研究的主题。

红领巾相约中国梦

小人物正能量，为梦想而努力

少年梦想

我是小主人

爱学习、爱劳动、爱祖国

同学们如果对红领巾相约中国梦这个课题感兴趣，那就结合自己的经历和生活环境，在与同学、老师协商讨论的基础上，确定你们自己的实践活动主题，组成活动小组开展研究。当然，也可以先建立活动小组，再确定主题。

活动准备

　　研究主题一经确定，就需要制订一份研究计划，确保整个研究过程的有序开展，而且为研究过程和结果的评价提供了参考的框架。

> 　　研究主题：红领巾相约中国梦
>
> 　　研究目标与任务：
>
> 　　小组成员分工：
>
> 　　活动实施时间：
>
> 　　活动的主要内容及步骤：
>
> *请参考这些内容，设计自己的研究方案。*
>
> 　　利用课余时间，学生搜集有关中国梦的资料、身边的道德榜样、最美校园、美丽中国可爱家乡等资料；通过上网查阅资料了解有关内容，访问身边的同学，采访亲戚朋友等。
>
> 　　活动需要的条件和可能遇到的困难：
>
> 　　在理解中国梦的意义、走访、设计等方面存在着一定的问题。
>
> 　　预期研究成果：
>
> 　　成果表达形式：
>
> 　　……

活动实施

查阅资料

　　了解中国梦的意义，少先队员的梦想与中国梦的联系。

　　一般而言，研究的前期工作之一，就是查阅和研究课题相关的资料，而在研究活动的过程中也还需要补充一些相关的资料。资料的查找有多种途径，可以从教师或有关专家那儿得到帮助，也可以直接去图书馆查阅，或从网上收集你所要的信息等。

小资料

中国梦的特征

"中国梦"的内涵，是实现国家富强、民族复兴、人民幸福、社会和谐。

一是综合国力进一步跃升的"实力特征"。"中国梦"的第一要义，就是实现综合国力进一步跃升。

你是怎样查找资料的？把你的资料与同学一起分享吧！

二是社会和谐进一步提升的"幸福特征"。党领导全国各族人民共圆"中国梦"的根本目的，就是要实现好、维护好、发展好最广大人民的根本利益，进而提升全社会的幸福指数。

三是中华文明在复兴中进一步演进的"文明特征"。中华文明是世界上唯一几千年来不断延续、传承至今的文明，但要体现现代文明色彩，就必须超越数千年来创造的农耕文明形态。

四是促进人全面发展的"价值特征"。《共产党宣言》指出，共产党人的最终目标是建立"每个人的自由发展是一切人的自由发展的条件"的"联合体"。

中国梦，百姓的小康梦（即中产梦）。习近平总书记说："中国梦"归根到底是人民的梦。他说，"实现中华民族伟大复兴的中国梦，就是要实现国家富强、民族振兴、人民幸福。""中国梦是民族的梦，也是每个中国人的梦"。

雷锋的故事

可敬的"傻子"

一九六〇年八月，驻地抚顺发洪水，运输连接到了抗洪抢险的命令，雷锋忍着刚刚参加救火被烧伤的手的疼痛又和战友们在上寺水库大坝连续奋战了七天七夜，把手指甲都弄破了，被记了一次二等功。

　　望花区召开了大生产号召动员大会，声势很大，雷锋上街办事正好看到这个场面，他取出存折上在工厂和部队攒的 200 元钱，跑到望花区党委办公室要捐献出来，为建设祖国做点儿贡献，接待他的同志实在无法拒绝他的这份情谊，只好收下一半。另 100 元在辽阳遭受百年不遇洪水的时候捐献给了辽阳人民。在我国受到严重的自然灾害的情况下，他为国家建设、为灾区捐献出自己的全部积蓄，平时他在劳动时却舍不得喝一瓶汽水。

参观与访问

　　了解我们周围人的中国梦。想想办法，最好通过自己的努力，通过老师和家长了解身边人的中国梦，在老师或家长的陪同下访问。

　　主要应了解：周围人的中国梦，身边的道德榜样等。

　　访问不同阶层人的中国梦，就你们所关心和想了解的问题，向他们请教。拜访前一定要准备访谈提纲，并事先做好联系工作。

别忘了把参观过程中看到的、听到的、感受到的具体细节记录下来呀！

访谈记录表

访谈主题：

访问者（学生）：

被访问者：

工作单位、职务（职称）、专业（专长）

访问方式：

电话、书面、面对面、其他

访问时间、地点：

访谈问题（提纲）：

访问记录：

……

> 通过访问、参观，你发现了什么？整理一下通过调查和观察获得的资料，撰写小组的调查报告和参观报告。

练习与制作

前期同学做了大量的调查工作，了解了不同阶层人的中国梦，身边的道德榜样，少年梦想，爱学习、爱劳动、爱祖国手抄报，接下来就是同学们展示风采的过程，通过演讲、照片、手抄报等形式。

展览与推销

举行一次红领巾相约中国梦演讲活动，少年梦想绘画，爱学习、爱劳动、爱祖国手抄报展等，让更多的学生了解我们的中国梦、身边的道德榜样等。

设计与宣传

开展一次爱学习、爱劳动、爱祖国手抄报的展览活动，在班级走廊里或校园里张贴宣传，把自己最拿手的作品展示全校学生，让同学们通过参观了解我们身边人的中国梦。

开展一次"红领巾相约中国梦"的征文比赛活动。表达对祖国的热爱之情，可以写祖国的变化、我身边的故事、活动过程中发生的故事等。

 **展示与交流**

1. 展示所收集的有关文字资料和图片资料。

2. 展示调查记录材料，交流调查过程中的典型事例和感受，汇报调查结果。

3. 小组交流活动后的感受和体验。

4. 交流、展示主题为"红领巾相约中国梦"的文学作品。

5. 制作手抄报，展示活动收获。

 **反思与评价**

通过本课题的研究你对"红领巾相约中国梦"有什么新的认识？在研究过程中遇到了什么问题和困难？你是如何解决问题、克服困难的？你是否认真参加每一次小组活动，努力完成自己所承担的任务？

在活动过程中，你能否主动提出研究和工作设想、建议？你能否与同学合作，善于采纳他人意见？你在研究过程中掌握了哪些研究方法？你对自己在活动中的表现满意吗？老师和同学们是怎么评价你的？

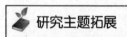 **研究主题拓展**

"中国梦"既是人民的梦，也是每个少年人的梦。只有少先队员把自己的"少年梦"融入"中国梦"之中，把"小小的梦"汇成"大大的梦"，我们才能托起"中国梦"。我们该怎么去做？为实现中国梦，我们应确定怎样的目标？为着这个目标我们应该做出哪些努力？这些问题需要我们继续去探究。

 **课时设计**

第一课时：红领巾相约中国梦

【活动背景】

围绕深入学习贯彻党的十九大精神，解读"中国梦"的历史底蕴和时代内涵，教育和引导学生只有把"少年梦"融入"中国梦"之中，"小梦"汇成"大梦"，才能托起"中国梦"。向学生宣讲我国革命、建设和改革的历史进程、辉煌成就、宝贵经验和前进方向。

【活动目标】

1. 活动过程中，鼓励学生谈谈自己的梦想，明白梦想对每个人都很重要，引导学生确立积极向上的梦想。

2. 认识中国梦，懂得少年梦想与中国梦想的紧密相连，通过活动，增强学生的民族自豪感，激发爱国之情。

3. 引导学生通过查阅资料，访问，了解身边人的中国梦，理解实现梦想需要坚持，需要努力，需要积极探索。

【活动重难点】

活动重点：认识中国梦，了解周围人的中国梦。

活动难点：理解实现梦想需要坚持，需要努力，需要积极探索。

【活动准备】

教师准备：多媒体课件、视频、图片、文字等。

学生准备：我的梦想资料。

【活动过程】

环节一：创设情境，畅谈梦想。

1. 出示课件，观看有关中国梦的视频。

同学们，每个人都有自己的梦想，原意为着这个梦想而努力前进。同学们有什么梦想？

学生以组为单位畅谈各自的梦想。教师巡视，了解同学的梦想，注意引导学生正确的价值观。

指名说说：你的梦想是什么？

2. 出示资料，结合图片，读一读有关中国梦的文章。

3. 交流感受：梦想，伴随着我们每一个人。作为新时代的少年儿童都有一颗会飞的心，一个会梦想的大脑。有了梦想，我们大家就都拥有一双"隐形的翅膀"。

【设计意图】

通过看视频，引导学生感受中国的强大，激发学生参与活动的欲望。

环节二：情景体验，感受中国梦。

你了解中国梦吗？教师出示课件，初步了解中国梦。

你还想了解我们中国的哪些梦想？

（学生交流，例如：改革梦、奥运梦、飞天梦、团圆梦……）教师可以给学生一些提示。

【设计意图】

学生通过亲自参与情景体验中去，从丰富情境中打开思路唤起学生对感兴趣问题的研究欲望。

环节三：交流讨论，为梦想插上翅膀。

（小组内讨论）你的梦要怎样实现？中国梦又靠谁实现？怎样才能实现？

我们周围的人都有哪些梦想？通过这次综合实践活动，你想了解关于中国梦哪方面的内容？

【设计意图】

学生就自己感兴趣的问题，进行选择，提高探究欲望，激发兴趣。

环节四：提出问题，筛选有价值的问题。

小组内把自己想研究的问题写在研究问题统计表上，小组派代表到黑板上罗列自己组的问题，全班集体讨论，选出有价值的问题，为下一个环节做准备。

学生提出的课题可能有：

家人的中国梦是什么？

怎样实现中国梦？

我们身边的人怎样为实现中国梦而努力的？

少先队员的中国梦是什么？

爱学习、爱劳动、爱祖国就是少年梦？

我是祖国的小主人，我该怎么做？

……

【设计意图】

通过小组讨论，形成共同关注的主题，进而开展一个相对独立的小课题研究。

环节五：确定主题，深入研究。

有些问题可以整合到一起，根据学生提出的问题，确定研究主题，小人物正能量，为梦想而努力，少年梦想，我是祖国的小主人，爱学习、爱劳动、爱祖国，梦想对每个人都很重要，希望同学们为了实现梦想不断努力。

【设计意图】

学生通过自主活动，研究、确定主题，使学生的活动主动性更加高涨，能够更好地延伸到课外活动中。

第二课时：小人物正能量，为梦想而努力

【活动背景】

为梦想而努力是每一个少先队员的目标。教师引导学生发现、感受和了解身边的榜样，通过同龄人的"中国梦"推动同伴教育，激发学生的正能量。同时自己也可以成为榜样，向周围的人传递正能量。用"中国梦"凝聚强大精神能量，激励少先队员学习先进、崇尚先进、争当先进。

【活动目标】

1. 通过实践活动，学生搜集雷锋资料，课前了解雷锋事迹，引导学生搜集资料，整理资料。

2. 通过调查、走访、查资料等形式，了解身边的感人故事，同时融合各学科知识进行整理信息，综合运用到实践中去。

3. 倡导学生自主、合作、探究，培养其创新精神和综合运用知识的能力。

4. 激发学生向身边的榜样学习，形成正确的价值观，为实现自己的梦想而不断努力。

【活动重难点】

活动重点：了解身身边的感人故事，同时用所学的学科知识进行整理信息，综合运用到实践中去。

活动难点：了解同龄人为实现"中国梦"做出的努力。

【活动准备】

教师准备：多媒体课件、视频、图片、文字等。

学生准备：身边的感人事迹的资料等。

【活动过程】

环节一：课堂导入，激发兴趣。

1. 播放歌曲《学习雷锋好榜样》。

你对雷锋知多少？我们为什么要学习雷锋？

2. 学习雷锋格言，介绍雷锋画像，讲雷锋故事。

【设计意图】

教师充分结合学生经验，激发学生的活动欲望，促进学生积极参与活动过程。

环节二：小组汇报，说榜样。

1. 搜集雷锋资料，了解雷锋事迹，在小组内交流。

2. 教师引导学生对照自己和身边的人，把自己搜集了解的身边的学习模范、草根英雄、先进典型的感人故事讲给小组成员听。

3. 通过听别人说身边人的故事，说一说自己的体会，小组内交流自己的想法。

4. 结合实际谈谈我们自己该怎样做。

例如：（1）乐于助人（2）做好身边的小事（3）学雷锋不搞形式（4）勤俭节约（5）干一行爱一行（6）刻苦学习

【设计意图】

从我们了解雷锋的资料谈起，使学生体验感受周围人的感人故事，教师在此过程中不断地激励、启迪、点拨、引导学生积极参与小组讨论。

环节三：评价反思，学榜样。

1. 朗读身边的好人故事，谈读后感想。让 3-5 位同学讲自己搜集"我身边的榜样"故事，然后由学生自由发言，谈感想，评"榜样"短暂平凡而又伟大的一生。

2. 找一找我们班的好榜样。让同学根据文中事实，来猜猜主人公是谁。以此来引导学生发现身边的好人好事和别人的优点。

3. 小组讨论学习身边人的优秀品质，请你选择一位你想学习的榜样，并说说你的理由。

【设计意图】

学生经历实践体验，行动反思，实现了专题教育目标，提升学生学习经验，使学生可持续发展，为实现人生梦想，从小打下良好的基础，形成优秀的品质。

环节四：总结提升，为梦想努力。

大家通过活动，了解到身边更多的感人故事。老师真心希望，同学们热爱祖国，勤奋学习，积极实践，为班级为大家新出一份力。每个人身上都有善的种子，只要我们付诸行动，我们每个人都是身边的好人。

为了梦想，为了让我们的祖国更加繁荣富强，让我们大家积极行动起来吧。

【设计意图】

激发学生积极行动起来，向身边优秀的人学习，希望自己成为这样的人，为梦想而努力，传递正能量。

环节五：拓展延伸，升华主题。

1. 以"身边的榜样"为题写一篇文章。

2. 请一名同学监督自己学习"身边榜样"的实际行动。

【设计意图】

帮助他们树立正确的学习观，充分利用身边的榜样示范作用，产生榜样效应，从心灵深处唤醒学生的学习先进的欲望。

第三课时：少年梦想

【活动背景】

少年儿童具有形象直观的思维特点，结合这一特点，联系儿童的生活经验，把"中国梦"变为儿童自己的梦，综合运用实践体验、正面教育，引导学生进行社会观察，通过多种形式的综合实践活动，把少年梦想同中国梦想结合起来，培养学生们的责任意识，明白自己要为祖国未来的贡献力量。

【活动目标】

1. 使学生树立自己的梦想。

2. 使学生明白想要实现梦想就要不怕困难，勇于坚持和探索。

3. 培养学生们的责任意识，明白自己的未来与国家的发展息息相关，自己要为祖国未来的贡献力量。

【活动重难点】

活动重点：树立自己的少年梦想，并且明白如何去实现自己的梦。

活动难点：活动体验后指导产生主题。

【活动准备】

教师准备：

1. 课前指导学生分组，明确组内分工。

2. 相关的课件等。

学生准备：准备相关资料。

【活动过程】

环节一：猜谜游戏，创设情境。

1. 大家一起做关于"梦"的猜字谜游戏。

2. 同学们，你的梦想是什么？

【设计意图】

通过猜谜语，这种儿童喜闻乐见的形式导入课程，引发兴趣。

环节二：提出问题，讲述故事。

1. 解题：少年梦想，其中的"少年"指谁？ 这个课题你是怎样理解的？

2. 讲述名人梦想故事，谈感受的同时思考自己得到了哪些启示。

3. 把自己有关梦想的故事进行分享。

4. 小组交流、汇报。

【设计意图】

深入主题，探讨思考，引发学生对于梦想的感受，明确梦想对一个人成长的重要性。

环节三：心动时刻，方法体验。

为了实现梦想，我们应该怎样做呢？

1. 组内交流想法。

2. 制作梦想卡片，把自己的梦想记录下来。

【设计意图】

本环节旨在指导学生在有了梦想的前提下，明确实现梦想的方法。

环节四：交流讨论，展示梦想。

1. 梦想是什么？组内讨论怎样才能实现梦想。

梦想的实现，需要脚踏实地的努力，作为小学生的我们必须从点滴做起，从现在做起，努力奋斗，锲而不舍！

2. 展示梦想卡。

【设计意图】

通过展示自己的梦想，给自己确立目标，明白对于自己而言，只有从点滴做起才能实现梦想。

环节五：感情升华，总结提升。

1. 谈自己对于"少年梦想"的看法及收获。

2. 个人的梦想与祖国的梦想相结合能更高远、更伟大！

齐唱《中国梦》，祝福祖国——明天更美好！

3. 总结：同学们都有很多的梦：美好的梦、多彩的梦！同学们此刻已经明白自己的梦想与祖国的强盛是分不开的，因为你们就是祖国的未来！我们必须从点滴做起，从现在做起，努力奋斗，锲而不舍，才能实现我们的"少年梦"与"中国梦"！

【设计意图】

本环节的目的在于将个人梦想与国家的梦想结合起来，通过总结对学生的情感进行升华。

第四课时：爱学习、爱劳动、爱祖国

【活动背景】

党和国家领导人关心下一代的健康成长，习近平总书记曾多次发表讲话，寄语全国青少年："期盼着孩子们能成长得更好、工作得更好、生活得更好"，"从小立志向，有梦想"，"爱学习、爱劳动、爱祖国"——这不仅是主席的殷切期望，更是新时代对青少年的要求。

【活动目标】

1. 通过小组交流畅谈，初步认识劳动最光荣的道理。

2. 通过了解祖国，激发学生对祖国的热爱之情，并通过多种形式歌颂、赞美祖国。

3. 学习要靠勤奋，要有正确的学习态度、适合自己学习方法，为了祖国的未来，每位同学都应努力学习。

【活动重难点】

活动重点：明确"爱学习、爱劳动、爱祖国"的目的与意义。

活动难点：认识"爱学习、爱劳动、爱祖国"的本质特征。

【活动准备】

教师准备：

1. 《我们的祖国是花园》《国歌》等音乐、视频、文章、图片。

2. 相关的课件等。

学生准备：

1. 收集有关祖国建设成就的相关资料。

2. 收集爱学习、爱祖国、爱劳动的名言警句。

【活动过程】

环节一：亲切谈话，课堂导入。

1. 讲述古代读书故事：《悬梁刺股》《映雪读书》。

2. 讲述现代读书故事：《华罗庚猜书》《高尔基救书》。

【设计意图】

本环节的目的在于通过勤奋"读书"学习的故事，创设情境，导入课题，让学生受到爱学习的情感熏陶。

环节二：小组汇报，展示含义。设计问题，如：

汇报国旗、国徽的含义。

（1）我国的国旗是什么？

（2）五星红旗代表的意义是什么？

中间一颗大星星——代表中国共产党，四颗小星星围绕着大星星——代表全国各族人民紧紧团结在党的周围。

【设计意图】

通过对国旗、国徽的释义，渗透热爱祖国的思想，拥有身为中国人的自豪感。

环节三：思考讨论，评价反思。

1. 小组讨论：什么地方要升挂国旗？

2. 我们小学多长时间举行一次升旗仪式？

3. 评价鼓励，并思考：小学为什么要每周举行一次升旗仪式？

【设计意图】

本环节通过升国旗时间及地点的了解讨论，明晰国旗是国家的象征，进一步对"爱祖国"这一主题进行德育渗透。

环节四：总结提升，畅所欲言。

1. 小组讨论：这节课有哪些收获？

2. 小组汇报。

3. 总结：通过这节课，我们知道了许多名人爱学习、勤奋刻苦学习的事例，我们从他们身上学到了许多优秀品质。同学们，你们是祖国的未来，少年强则国强，希望大家一定要刻苦学习、努力锻炼，为了自己和国家的未来而努力！

【设计意图】

本环节在总结的同时，升华了学生爱学习、爱劳动、爱祖国的情感。

环节五：拓展延伸，展示汇报。

1. 小组讨论：我们该怎样用自己的行动热爱祖国？

2. 从自身做起，从点滴做起，汇报交流。

【设计意图】

使学生明晰爱祖国要有自己的行动，要从身边做起，从小做起，从点滴做起。

第五课时：学英雄，立梦想

【活动背景】

新时代的儿童生活富足、衣食无忧，对于部分学生而言，饭来张口、衣来伸手就是他们的真实生活状态，此次综合实践活动，就是在学习英雄先烈事迹的同时激发学生们树立自己的梦想，使学生拥有自立、自强的意识，让学生懂得在接受爸爸妈妈爱的同时，不仅能够回馈父母之爱，而且能够爱祖国、爱学习，拥有乐于助人的情感。

【活动目标】

1. 了解英雄事迹，学习英雄精神，通过讲故事、写读后感等多种形式，巩固、拓展学生的理解。

2. 在学习英雄先烈的同时激发学生们树立自己的梦想，使学生拥有自立、自强的意识。

3. 让学生懂得在接受爸爸妈妈爱的同时，不仅能够回馈父母之爱，而且能够爱祖国、爱学习，拥有乐于助人的情感。

【活动重难点】

活动重点：能够联系自身生活懂得在接受爸爸妈妈爱的同时，不仅能够回馈父母之爱，而且能够爱祖国、爱学习，拥有乐于助人的情感，用实际行动走英雄成才的道路。

活动难点：在学习英雄先烈事迹的同时激发学生们树立自己的梦想，使学生拥有自立、自强的意识。

【活动准备】

教师准备：准备相关英雄故事课件。

学生准备：收集英雄故事，学唱歌曲《王二小》。

【活动过程】

环节一：亲切谈话，导入活动。

1. 什么是英雄？

2. 英雄具有什么样的品质？

3. 揭示活动主题：学英雄，立梦想。

【设计意图】

通过亲切谈话，引发思考，导入主题。

环节二：英雄故事，情景体验。

1. 老师讲英雄故事：

导入：在历史的长卷中，一串串民族英雄的名字、一件件英雄的事迹，一直在被人们传颂……

2. 交流讨论：

故事中你最感动的是什么？你觉得自己应该向谁学习什么？

【设计意图】

通过对英雄故事的讲述引导学生联系自身向英雄学习优秀品德。

环节三：交流讨论，共同特点。

1. 你知道哪些英雄呢？他们有哪些感人故事呢？

　　每组推荐1人上台讲故事，讲完后其他组员补充自己最感动的地方和感受。

　　2. 听后交流：这么多的英雄故事，他们身上其实都有一个共同点，你发现了吗？

　　（舍小我，顾大家，在危险的时候，先想到别人）

　　【设计意图】

　　通过思考讨论，深入了解英雄的优秀品质，并加强自身的体悟感受。

　　环节四：实践探究，学做真人。

　　1. 自古英雄出少年——听！脚步声声，红星闪闪，我们的同龄人，战争时代的小英雄正向我们走来。

　　2. 播放《王二小》歌曲，齐唱。

　　3. 你知道哪些小英雄的故事？学生讲述少年英雄故事。

　　4. 在和平年代长大的我们，没有了硝烟战争，要怎样向英雄学习呢？请你联系自己的生活、学习说一说。

　　5. 新时代的儿童生活富足、衣食无忧，对于部分同学饭来张口、衣来伸手的生活状态，你想说什么呢？面对爸爸妈妈无私的爱，你要怎么回报呢？

　　6. 祖国的未来靠谁？身为未来中国建设者的我们应该如何去做？

　　【设计意图】

　　通过说、唱英雄故事的形式，让学生学习其优秀品德，指导学生认识到自己肩负着祖国未来建设的使命，自己是中国未来的主人。

　　环节五：展示交流，活动小结。

　　1. 写出自己的感受，举行简短的《学英雄，立梦想》演讲比赛。

　　2. 总结：英雄和无数先烈们的奋斗和鲜血使我们得来了今天来之不易的美好生活。同学们，让我们学英雄，立梦想——以英雄为楷模，以"为中华之崛起而读书"为梦想而努力！从自身做起，回馈父母的爱，回馈祖国的爱！

　　【设计意图】

　　升华情感，学习英雄先烈的同时激发学生回馈父母、国家之爱的情感，增强身为祖国未来建设者的使命感。